Perfis & entrevistas
ESCRITORES • ARTISTAS • CIENTISTAS

Perfis & entrevistas

ESCRITORES · ARTISTAS · CIENTISTAS

Daniel Piza

EDITORA CONTEXTO

Copyright© 2004 Daniel Piza

Todos os direitos desta edição reservados à
Editora Contexto (Editora Pinsky Ltda.)

Capa e diagramação
Gustavo S. Vilas Boas

Preparação de texto
Vera Quintanilha

Ilustrações de capa e miolo
Agência Estado

Dados Internacionais de Catalogação na Publicação (CIP)
(Câmara Brasileira do Livro, SP, Brasil)

Piza, Daniel
   Perfis & entrevistas : escritores, artistas,
cientistas / Daniel Piza. – São Paulo :
Contexto, 2004.

   Bibliografia.
   ISBN 85-7244-282-0

   1. Artistas - Entrevistas 2. Cientistas -
Entrevistas 3. Entrevistas (Jornalismo)
4. Escritores - Entrevistas 5. Jornalismo
I. Título.

04-7238   CDD-070.444092

Índices para catálogo sistemático:
1. Artistas : Entrevistas : Jornalismo
070.444092
2. Cientistas : Entrevistas : Jornalismo
070.444092
3. Escritoress : Entrevistas : Jornalismo
070.444092

EDITORA CONTEXTO
Diretor editorial: *Jaime Pinsky*

Rua Acopiara, 199 – Alto da Lapa
05083-110 – São Paulo – SP
PABX: (11) 3832 5838
contexto@editoracontexto.com.br
www.editoracontexto.com.br

2004

Sumário

ESCRITORES

11

ARTISTAS

95

CIENTISTAS

127

Abreviaturas

FSP – *Folha de S.Paulo*
GZM – *Gazeta Mercantil*
OESP – *O Estado de S.Paulo*

Apresentação

Este livro é uma seleção das entrevistas e perfis que fiz com escritores, críticos, artistas e cientistas estrangeiros e brasileiros. Os textos foram publicados em três jornais, *Folha de S.Paulo* (1992-95), *Gazeta Mercantil* (1995-2000) e *O Estado de S.Paulo* (em que estou desde maio de 2000 e onde já trabalhara entre 1991 e 92). Acho que uma das razões pela qual se é jornalista é o prazer de encontrar pessoas diferentes e interessantes. Pergunto qual outra profissão me daria a oportunidade de conversar com figuras humanas como João Cabral de Melo Neto, Stephen Jay Gould ou Nelson Freire, tão díspares em personalidade, tão atraentes em talento. Se eu fosse povoar uma "Ilha de *Caras*", seriam estas pessoas que levaria e isolaria do oceano de futilidades que banha mais e mais a grande imprensa nacional e mundial.

O autor

Escritores

João Cabral
de Melo Neto

"Sim, a perfeição, o desconhecido,
o nunca visto: João Cabral."
(Otto Lara Resende)

João Cabral de Melo Neto já não escreve. Nem poesia, nem nada. Prestes a completar 78 anos – nasceu em 9 de janeiro de 1920 –, ele enxerga muito pouco e cada vez menos. Para um poeta e ensaísta que tanto pintou os canaviais de Recife e as ruas de Sevilha e tanto admirou as artes visuais, a perda desse sentido é a perda de qualquer sentido. Seu último livro é de 1990, *Sevilha andando*, e desde então o poeta vive de memórias em seu apartamento na praia do Flamengo, de onde já não pode ver a bela paisagem carioca que se descortina. Tampouco pode rever a pequena escultura vermelha de Franz Weissmann na mesa de centro e o retrato de Manuel Bandeira em sua parede, símbolos da precisão construtiva e da oralidade marcante que Cabral sintetiza em sua arte.

O poeta pernambucano, o maior poeta vivo do país, um dos cinco maiores de sua história e seguramente um dos mais importantes do mundo, cotado com freqüência para o prêmio Nobel, não se preocupa com glórias mundanas, mas apenas com mundanidades vergonhosas como a violência da cidade: "Não dá nem vontade de sair para a rua". Organizou para sua editora, Nova Fronteira, uma coletânea de poemas de sua mulher, Marly de Oliveira, enquanto sua filha procura patrocínio para filmar o *Auto do frade*. Lacônico como sempre, desconfiou da perenidade de sua obra e disse, sem lamento nem protesto – cabralinamente –, não ter herdeiros. Leia a entrevista a seguir:

Estou aqui com uma coletânea de sua poesia traduzida para o inglês, *Selected Poetry*, da Wesleyan University Press (1990). O sr. não acha que sua poesia fica bem em inglês?

Fica, sim. Eu conheço essa edição, é muito bem feita.

Por que sua poesia fica bem em inglês? Seria por causa da concisão, da solidez que o sr. parece dar à Língua Portuguesa?

Deve ser. Fui muito influenciado pela poesia inglesa, especialmente a dos metafísicos. A Língua Portuguesa, especialmente a brasileira, é muito suave, muito mole. O inglês, não.

Por outro lado, é comum dizerem que o sr. não gosta de música e que sua poesia é "seca", "racional". Mas ela tem uma sonoridade própria, uma dicção, um ritmo – uma música diferente, vertebrada. Não tem?

Tem, claro. É essencial em poesia ter um som, uma ligação com a fala. Mas é uma dicção diferente, que não é cantável. Realmente não gosto de música, nunca gostei. Sou um poeta visual, não auditivo.

O sr. nunca gostou de nenhum tipo de música?

Não. A única música que me interessou foi o flamenco, que é dissonante, pois o sujeito canta no extremo da voz.

Por que o sr. usa tanto as rimas toantes?

Ah, é influência da poesia espanhola. É que o verso livre me irritava, porque eu o achava fácil. Ao mesmo tempo eu não queria a rima clássica, parnasiana, que detestava porque faz o leitor ficar esperando a rima. Veja que na poesia francesa não existe a rima toante. Eu tinha a necessidade de metrificar, e a rima toante me permitia isso de um modo diferente. A rima toante não faz o verso parecer rimado.

O sr. foi muito ligado a artistas catalães quando cônsul em Barcelona, no final dos anos 40. É amigo de Joan Brossa, de Antoni Tàpies e outros pintores e poetas. Qual foi a influência deles sobre seu trabalho?

Foi muito grande, embora eu não falasse catalão nem conhecesse as canções catalãs; eu conversava com eles, assim como com Miró, em castelhano, mas eles conversavam entre si em catalão. Fui muito influenciado pela poesia de Charles Ribas, especialmente. Aquele grupo todo me atraía muito por sua preocupação com o aspecto visual das palavras, o cuidado com a disposição da poesia no papel. Eu tinha uma impressora manual e fazia algumas edições de poesia espanhola com ela.

O movimento concretista costuma dizer que é sucessor de sua poesia, por causa dessa preocupação visual e da concisão, da anti-oratória. Qual sua opinião?

Não sei bem. Quando o concretismo foi lançado eu já estava fora do Brasil há algum tempo, e não recebia os livros publicados aqui. Há em comum uma preocupação com a palavra concreta, no sentido de "mesa" ser uma palavra concreta e "tristeza" não, por exemplo. Mas para eles havia uma recusa da sintaxe, o que para mim nunca fez sentido; minha poesia tem o pé fincado na sintaxe tradicional. Na verdade, eu não tenho nenhum seguidor.

Uma vez você disse que sua verdadeira vocação era ser crítico. O sr. acha que sua poesia pode ser entendida como uma forma de crítica?

Não, apenas indiretamente. Quando eu era criança detestava poesia, pois na escola só ensinavam Olavo Bilac e aquelas coisas. Quando jovem, quis ser crítico, mas é preciso ter bastante cultura para ser crítico. Mas aí descobri a poesia modernista, de Drummond, Bandeira, Murilo, e foi uma revelação. A poesia francesa moderna também foi muito marcante.

Então fui fazer uma poesia que não tivesse retórica, que fosse mais construtiva do que aquela poesia brasileira antiga. Na minha poesia há uma absoluta predominância do vocábulo sensorial, como "pedra" ou "rio".

Mas no início da carreira ainda vemos o sr. usando termos como "sonho", conceitos abstratos. A mudança veio aos poucos?

É que no começo eu estava muito influenciado pelo surrealismo, mas minha verdadeira admiração era pelo cubismo, pela construção. Sou um materialista. Você pode ver que em minha poesia há sempre uma vontade de concretizar as palavras, mesmo aquelas que não sejam concretas. Quando uso "o sonho cobre-se de pó" é para dar uma qualidade física à imagem, para substantivá-la. As memórias também vêm em forma de coisas concretas.

Murilo Mendes, apesar de religioso, tinha uma preocupação muito grande também com o aspecto plástico. Só que ele parecia acreditar numa síntese, numa unidade entre os aspectos construtivo e expressivo, e o sr. não.

Murilo era muito católico, ao contrário de mim. Ele usava as duas coisas, mas concluía com versos completamente abstratos, sem ser discursivo. Eu sou materialista. Tenho medo da morte, mas sou materialista.

Por que Sevilha e Espanha o fascinaram tanto? E como se relacionam com Recife em suas memórias?

São diferentes. Quando fui para o Recife, não gostava da cidade, queria voltar. Meu sonho de felicidade era o engenho. Sou um homem rural, compreende? Sevilha me fascinou por causa da diversidade cultural, como a Espanha toda – trabalhei em Barcelona duas vezes e em Madri duas vezes. Andar em Sevilha é um prazer enorme. Eles penduram o varal de roupas coloridas no alto do prédio, e aquilo provoca um efeito bonito.

Numa entrevista aos Cadernos do Instituto Moreira Salles o sr. fez uma distinção curiosa entre os poetas como "bois de cambão" e "bois de coice". Como é isso? O sr. é boi de cambão ou de coice?

O boi de cambão é o que vai na frente, puxando a carroça com a canga no pescoço; o boi de coice é o que segura, o que freia na hora da descida. Eu sou boi de cambão. A poesia não vem fácil para mim, eu preciso puxá-la.

O sr. disse que a poesia francesa o influenciou. Também disse que Rimbaud conseguiu fazer uma síntese entre o boi de cambão e o de coice. Quem mais o marcou? Valéry, Mallarmé?

Valéry me marcou mais por seu pensamento do que por sua poesia. Mallarmé tinha aquela preocupação com a sintaxe, mas era uma poesia muito mais musical do que a minha. Rimbaud tem coisas excelentes, de fato. Mas para mim o maior poeta francês é Baudelaire. Está tudo ali.

O sr. foi muito influenciado pela arquitetura. Por quê?

Sempre me interessei muito pela arquitetura. No Recife tinha vários amigos arquitetos, como Joaquim Cardoso, grande poeta também, de cultura extraordinária, a quem devo muito. Ele foi o calculista de Oscar Niemeyer em Brasília. Mas o homem que mais me influenciou foi Le Corbusier. Eu lia, ainda no Recife, todos os livros e artigos dele sobre arquitetura e pintura. Tanto que usei como epígrafe de um livro o conceito dele de *machine à émouvoir*, máquina de comover, que é minha idéia de poesia. Eu procurava fazer o poema como se fosse uma máquina, mas ao mesmo tempo que não fosse prosaica, que desse emoção ao leitor. Para Le Corbusier a casa era *machine à habiter*, casa de morar, e num ensaio sobre pintura ele usou a expressão *machine à émouvoir*. A poesia tem de comover, de mexer com o leitor.

Seria como naquela imagem do sr., do "seco que não se resigna"?

Sim. De nada adianta fazer um poema só como máquina. Eu gosto dos surrealistas, por exemplo, mas depois eles entraram numa fase retórica. Por isso gosto muito de Joan Miró, de quem fui amigo. Ele usava o necessário, sua pintura é uma verdadeira máquina de comover.

Apesar de não gostar de música, o sr. gosta da música que Chico Buarque fez para *Morte e vida severina*?

Gosto muito. Ele não deforma nada, não deforma nenhum verso. Mas existem montagens recentes de *Morte e vida* que não têm nada a ver. Um sujeito colocou uma moça vestida de azul para simbolizar o rio. Isso não é necessário, é muito barroco. Paulo Autran fez uma bela montagem. E a da TV, de Walter Avancini, como filme, está perfeita.

O sr. foi muito amigo de escritores que hoje estão bastante esquecidos, como Marques Rebelo. Por que eles são tão pouco lidos?

Não sei. O Marques Rebelo foi muito meu amigo e era um grande escritor. Mas também José Lins do Rego e Graciliano Ramos não são muito lidos. As pessoas preferem o Guimarães Rosa, porque está na moda. Mas poucos podem entender aquilo que Rosa fez. Essas coisas dependem do momento. Eu mesmo não posso dizer se serei lido daqui a algum um tempo.

O sr. concorda com aquela frase de T.S. Eliot de que poesia é fuga da emoção, mas que só quem teve emoção pode fugir dela?

Concordo. Eu procuro escrever da forma mais racional possível, mas para me comunicar com o leitor não racionalmente. Se fosse para isso, escreveria equações matemáticas.

E talvez por isso sua poesia seja tão peculiar no Brasil?

As pessoas acham que poesia é inspiração. Mas ela exige trabalho. Eu, por exemplo, vivi para ler. Poesia precisa de leitura, de esforço intelectual. Você tem de conhecer o que foi feito para não fazer igual.

E, se o sr. escrevesse romances, seria Graciliano Ramos?

Seria. Ele era muito essencial.

(GZM, 26.12.1998; com colaboração de Rodrigo Mesquita)

A unção pela pedra

Maneira de morrer que João mereceu:
Não a morte explodida, cheia de alaridos
Como o mar que ressoa para o céu;
Nem a morte estendida, inchando vazios,
Como o sertão sem norte e sem véu.
No sofá (entre uma reza e outra), à frente
Da escultura de Weissmann, debaixo
Do rosto de Bandeira: silêncio latente.

A mão sobre a mão da amada – um fio
Sobre o nada; o olho sem ver e sem ler
– antevisão de tudo. Seco o rio,
O suspiro de quando o vento vem ver
A fisionomia do canavial – e o frio
Que nenhum fardão (farsa) disfarça.
E agora João é tão da terra onde plantara
Ondas, solta simetria mineralizada.

(GZM, 22.10.1999, depois da morte de João Cabral)

João Cabral de Melo Neto (1920-1999) foi um dos dois maiores poetas brasileiros do século XX, ao lado de Carlos Drummond de Andrade.

Carlos Heitor Cony

O hábito não fez o monge, mas fez o escritor. Aos 73 anos, Carlos Heitor Cony volta às memórias de seminário, *Informação ao crucificado* (reeditado em 1999 pela Companhia das Letras), e prepara um romance com o protagonista trinta anos mais velho. Trabalha, ainda, na reedição de *Pilatos*, que ele mesmo considera seu melhor livro. Foi *Pilatos* que de certo modo tirou Cony da ficção, em 1972, para um hiato que só começaria a terminar em 1995 com o *best-seller Quase memória*, chamado de "quase romance". Neste caso não foi apenas a solidão monástica – depois da morte de sua amada cachorra, Mila – que o fez escrever romances: a facilidade trazida pelo computador também encorajou o jornalista rápido e independente a expor-se de novo. De 1995 para cá ele publicou todo ano um romance novo e um relançamento, além de duas coletâneas de crônicas. A mais recente é *O harém das bananeiras*, uma demonstração cabal de que sua coluna na *Folha de S.Paulo* não serve apenas para dar a chinelada de quase todo dia no presidente Fernando Henrique Cardoso. Sobre romances, reedições e crônicas, Cony deu a seguinte entrevista por telefone:

Quase memória parece ter "destampado" seu estoque de narrativas. Isso faz pensar que aqueles anos de abandono devem ter sido difíceis. Foram?

> Não, não foram difíceis, pelo contrário. Não parei por nenhum motivo. Estava feliz e não queria perder tempo escrevendo. É cíclico, mesmo.

Então pode-se concluir que nestes últimos quatro anos não tem estado feliz?

> Não tenho sido infeliz. Mas estou com mais tempo para outras coisas e acabo escrevendo. Estou habituado, e dá certo. As editoras publicam, os jornais querem, há leitores. Se eu fosse vender terrenos, me daria mal.

Não há uma mania de autoderrisão em você? Você está sempre querendo parecer que o que faz não é tão importante.

> Não é autoderrisão. Fui cultivado em ambiente monástico e adquiri esse vezo até um pouco hipócrita, mas que é a consciência de que viemos do pó e voltaremos ao pó. Quem gosta de auto-elogio são os políticos, que dizem que fizeram tudo, o sol, as estrelas. Eu estudei em convento, nunca gostei de subir na montanha e anunciar o que faço.

E a solidão do ambiente monástico ajudou o escritor?

> Com certeza. Lendo *Informação ao crucificado* você vê que tenho amor àquele tipo de vida, embora fosse para mim uma vida falsa, porque eu não acreditava em Deus. Mas saí do seminário sangrando. Foi uma ruptura. Nenhum relacionamento, nenhuma prisão, nada me fez sofrer tanto. É por isso que decidi retornar à *Informação ao Crucificado* no próximo romance. Vou mostrar o João Falcão trinta anos depois, o que viveu e refletiu. Talvez seja em forma de diário.

Então você não vai cumprir aquele ritual mais ou menos comum do seminarista que depois de certa idade volta à crença de infância?

Não, com certeza. E nem acho que isso seja tão comum. Muita gente critica, chama os padres de viados, totalitários, imbecis, reclama da repressão que sofria. Eu não sou assim, mas sou agnóstico.

Com todas essas publicações, a superexposição preocupa?

Preocupa, mas compensa a "infra-exposição" que tive nos anos que fiquei em recesso, sem escrever romance. O problema é que é difícil evitar. Os amigos ligam, pedem entrevistas, fazem convites. Na verdade estou louco para sair da superexposição. Antes vou escrever o novo romance, e aí quem sabe não fico de novo 23 anos sem escrever e então lanço um livro com o título *Toda memória*. Mas até lá vou estar com quase cem anos. Acho que não vai dar, mas prometo tentar...

Relendo seus livros, sentimos que há, de um lado, um gosto pelo picaresco, pelo folhetim, assuntos como infância, sexo, romance, e, de outro, um tom "pindaresco", de Píndaro, uma angústia existencial, uma amargura. Como se combinam esses lados? E vem daí a inclinação pelo memorialismo?

Olha, eu não sou nostálgico. O nostálgico sente falta do que teve. Eu sou melancólico, sinto falta do que não tive. Na verdade a combinação dessa melancolia com o picaresco sempre houve na literatura, desde Cervantes, Swift, Sterne, até Machado. Machado é exatamente isso. É claro que a ebulição dele acontece a 120 graus, muito acima da minha. Mas esse é o gênero.

Seu primeiro romance, *O ventre*, também relançado, já tem tudo isso, não?

Tem, sim. Você vê ali que, além de Machado, há duas grandes influências: Manuel Antonio de Almeida e Sartre. Os três autores aparecem até de modo subconsciente. Uma professora fez uma tese sobre *O ventre* e Machado e encontrou vários pontos em comum, dos quais eu nunca me dera conta. O último capítulo, por exemplo, se chama *O ventre e o resto*. Como se chama o último capítulo de *Dom Casmurro*? "E agora, o resto". E o padrinho da história é tirado diretamente de Almeida e de Machado. Desse jeito vão me chamar de plagiário...

Essa linhagem da literatura urbana e carioca, a que você pertence, vem de Almeida, passa por Machado e chega a Lima Barreto, mas depois desaparece um pouco, não? Por quê?

Houve o Marques Rebelo, mas ele não foi tão radical. Era mais pretensioso, no bom sentido. Quis pegar o romance carioca e colocá-lo num patamar mais elevado, mais social. Eu nunca fui escritor social. Sempre me interessou o prosaísmo mesmo, a vida do menino urbano, do homem que está condenado mas merece amor, entende? É como o carrasco que beija a testa da vítima antes de guilhotiná-la. Eu se pudesse botaria a humanidade num só pescoço e baixaria a guilhotina.

Mas por que você está sozinho nessa tradição?

Talvez porque fiquei 23 anos fora do mercado... Muita gente boa escreveu literatura urbana nesse período. Otto Lara Resende, Fernando Sabino, Autran Dourado, Dalton Trevisan, J.J. Veiga — esses da minha geração. Da geração seguinte há Rubem Fonseca. Eu voltei como sou.

Mas você citou contistas, na maioria. Por que nunca escreveu muitos contos?

Escrevi alguns contos, acho que todos de encomenda. Mas o conto não me satisfaz.

Por quê?

Não me sinto bem no conto. Prefiro a crônica curta. O João Salda-nha dizia que texto de mais de duas laudas em jornal é embromação. Ou escrevo curto ou me estendo bastante. O conto tem a limitação do tamanho. Você não pode errar, é como num poema. Tem de castigar a frase. Eu gosto dos cacos, eles dão muita vida. São como os "pontos luminosos" de que o Ezra Pound falava. Num romance você pode ficar dez páginas escrevendo até surgir um ponto luminoso, que ilumina todas aquelas páginas. No conto não dá. Ele é o ponto luminoso de si mesmo. Quando acerta, claro, é ótimo, como a *Missa do Galo* de Machado.

Teria a ver com a forma como você escreve, com esse "falso desprendimento" do seu estilo? Você muitas vezes usa vírgula onde outros colocariam ponto ou ponto-e-vírgula, por exemplo.

Isso eu aprendi com o Mario Filho. Ele era um gênio nesse recurso. Na coluna dele em *O Globo, Décima-primeira fila*, me lembro que fez uma vez um texto inteiro com o ponto só no final. Esse texto está em sua *História do Flamengo*. Ele era muito bom, acho até que um cronista esportivo melhor do que o irmão dele, o Nelson Rodrigues. O Nelson não gostava muito de mim porque o Mario gostava, foi um dos três maiores amigos que tive na vida. Depois que ele morreu, o Nelson se aproximou de mim e só aí ficamos amigos.

Talvez esse modo de escrever peça a crônica ou o romance, não o conto.

Sem dúvida.

E por que a literatura urbana brasileira nunca fez livros ambiciosos como *Os sertões*, de Euclides da Cunha, e *Grande sertão: veredas*, de Guimarães Rosa?

Talvez porque ela seja mais modesta mesmo. Machado é assim. O narrador em seus livros dá sempre a impressão de que aquilo que ele está contando não tem importância nenhuma, que já passou, que ele não tem mais nada a ver com aquilo e já está em outra. Isso era influência do Merimée, de *Carmem*, que não passa de um conto longo. Se *Carmem* tem sessenta páginas, as dez primeiras e as dez últimas são no presente, e nas outras quarenta é que o narrador conta a história, como um discurso indireto, ensanduichada ali. Quando escrevi o *Romance sem palavras* quis fazer justamente isso: são duas histórias, uma das quais é contada sem palavras. Mas o Machado transcendeu esse gênero urbano. A literatura do interior, rural, se concentra na relação com a natureza e fica diante de desafios metafísicos, como no Rosa. É muito mais difícil transcender com o gênero urbano.

Isso teria relação com o que Otto Maria Carpeaux criticava na literatura brasileira, uma carência de maturidade intelectual?

Não sei. O Carpeaux na verdade não gostava muito da literatura brasileira. Gostava de Gregório de Matos, alguma coisa de José de Alencar, Graciliano Ramos, José Lins do Rego, na poesia gostava de Drummond e Bandeira. Mas não gostava muito. Aquilo tudo era mais ou menos o que ele já esperava da literatura brasileira. Mas Machado, não. Para ele Carpeaux abria exceção. Depois que ele leu uma frase de Machado, "No meu tempo já existiam pessoas velhas, mas poucas", ficou a vida toda procurando coisa parecida na literatura brasileira e não achou. No alambique literário dele, o único brasileiro que entrava era Machado.

Recentemente seu *Informação ao crucificado* foi reeditado. É possível fazer uma comparação entre ele e *O braço direito*, de Otto Lara? Os dois são diários, escritos por seminaristas um tanto desencantados...

Mas o Otto era uma pessoa torturada. Eu não sou. Só li *O braço direito* uma vez, há muitos anos, mas me pareceu uma narrativa de quem está de fora, como um observador que se sente estranho naquele ambiente. Minha cidade é dentro do homem. Me aproximo mais de *O ateneu*, de Raul Pompéia, com uma visão de dentro. Otto era maniqueísta. Eu misturo o bem e o mal e bato numa maionese. Sou um grande batedor de maionese.

Por falar em Otto, você ocupou o lugar que tinha sido dele na página 2 da *Folha* e talvez houvesse uma expectativa de que você, como ele, fosse um respiro cultural naquela página política. Mas não: em quase toda crônica sua você critica o presidente Fernando Henrique, a globalização etc. Como você se define: um liberal de esquerda? A esquerda brasileira não é muito liberal, é?

A esquerda é muito burra. Não sei se sou de esquerda. Se ser de esquerda é ter preocupação social, então sou de esquerda. Mas a direita é mais inteligente. Como sempre, a verdade está na mão de pessoas mentirosas e a mentira na mão de pessoas verdadeiras. Escrevi durante o regime militar que a esquerda é um aglomerado de imbecis, e ela não podia dizer nada porque fui o primeiro a sair em defesa dos perseguidos. Mas eu estava apenas defendendo os perseguidos, não estava na esquerda, ao menos não a ponto de me alistar em seu exército. A esquerda não tem tática, é grossa, truculenta, não muda o vocabulário. Quando toma o poder, ou vem com ditadura ou logo cai porque não tem competência para ficar lá. Enfim, a causa boa está com os burros. O homem é mesmo um projeto falido.

Você costuma ser criticado por trabalhar na revista *Manchete* e escrever para o programa de Ana Maria Braga.

Aí está a burrice da esquerda. Quando a TV Globo me convidou, eu tinha recebido também um convite para fazer um programa no Canal Brasil com a Fernanda Montenegro e o Artur Xexéo e para escrever na *Bundas*. O Ziraldo e o Jaguar me mandaram uma carta que começava dizendo que, na nossa idade, não tínhamos mais nada a provar, que podíamos fazer qualquer coisa. Mas se eu escrevesse lá falaria dos mesmos temas, contaria as mesmas piadas, elogiaria as mesmas pessoas etc. Preferi a experiência nova, escrever para televisão. Foi o mesmo motivo por que, em 1969, entre aceitar o convite do *Pasquim* e o da *Manchete*, aceitei o da *Manchete*. Sou antigrupo.

Você escreve muito rápido, não? Mesmo quando escreve romances. Isso não pode atrapalhar?

Não atrapalha, sempre escrevi rápido. Se fosse devagar, os romances não sairiam nunca. É como jogador de futebol na área: ou faço o gol ou perco a bola.

Repetindo uma pergunta feita para Ivan Lessa e Luis Fernando Verissimo: por que a crônica é tão forte no Brasil?

Acho que é porque ela combina com o brasileiro. É superficial, simpática, quebra-galho. Não tem muito caráter, mas é bom sujeito. Todo brasileiro é um cronista em potencial. Não poeta ou romancista, mas cronista. Vá a um botequim, ou então ouça a música popular, Noel Rosa, as marchinhas de Carnaval... São verdadeiras crônicas! O brasileiro é um cronista nato.

Pessach – a travessia ainda levanta polêmica sobre o dilema do intelectual entre aderir à luta armada e desistir. No final, a metralhadora é enterrada na areia. É verdade que o Partido Comunista teria aplaudido essa "ambivalência" do final?

Não. Houve muita pressão sobre o livro, porque ali o partido é o vilão da história. O resumo do romance é o seguinte: se houvesse guerrilha no Brasil, o PC trairia o movimento. Me lembro da carta que o Enio Silveira escreveu para mim, lamentando a tentativa de boicote. Mas não mexi em nada. O livro saiu como eu quis.

Agora é *Pilatos* que vai ser reeditado. Você releu o livro?

Reli. Sou suspeito para falar, mas acho meu melhor livro. É o que entendo de literatura. Pode ser pouca coisa, mas qualquer um poderia fazer meus outros livros, *Pilatos* só eu poderia. Tive ali uma coragem que não tinha conseguido ter em nenhum livro anterior. A sensação, quando terminei de escrever, foi "Poxa, cheguei lá". Já em 1972 eu sabia que não tinha mais nada a provar.

Isso significa que alguma coisa ficava de fora nos livros anteriores, reprimida?

Sim, faltava alguma coisa, como o Carpeaux dizia. Eu sempre "morria na praia". Com *Pilatos* cheguei à praia. O livro me deu uma alegria que me convenceu de que não precisava fazer mais nada, e larguei a ficção. Olha, não é corrida olímpica, não sou uma pessoa competitiva, mas *Pilatos* é simplesmente o livro que eu sempre quis fazer. Uma grande molecagem. Como um cara que planeja a vida inteira construir uma casa, mas uma casa de cabeça para baixo. Sabe a Basílica de São Pedro, em Roma? Quando fui lá pela primeira vez, há mais de cinquenta anos, vi um anjinho em alto-relevo que tinha uma bunda tão linda, mais linda do que a de qualquer mulher, qualquer Tiazinha, e eu quis passar a mão nela. Toda vez que vou lá fico alisando aquela bunda, disfarçando para o padre não ver. *Pilatos* foi isso. Esperei, espreitei e fiz. E ninguém me surpreendeu praticando o ato clandestino. Não comparo com Machado, Lima, nada disso. Mas *Pilatos* sou eu. É mau mas meu, como dizia Pompéia.

Depois dele, você diz que esvaziou. Mas 23 anos mais tarde volta à ficção. Como compara os quatro livros desta "segunda fase" com os pré-*Pilatos*?

> Acho que são mais bem elaborados, mais responsáveis. Acho que o computador ajudou muito a não deixar os cacos tão postiços. Mas não me identifico muito com esses livros. Me identifico mais com os anteriores, com *O ventre, Pessach* e, claro, *Pilatos*.

Por que isso? Haveria agora uma falta de vontade de "mexer" mais fundo?

> Acho que é aquilo que Thomas Mann disse depois de *Doutor Fausto*, que tinha sobrevivido à obra. "Pilatos" esgotou meu ciclo.

Na crônica de abertura de *O harém das bananeiras* você diz que gostaria de escrever como a chuva, de forma intransitiva, e que sempre esteve em busca de uma terceira pessoa. Mas seus livros são todos bastante subjetivos, em primeira pessoa. Como é isso?

> É a imperfeição... Mas em *Pilatos* consegui criar uma primeira pessoa que não sou eu. É a maior violência possível. Toda ficção é feita de compósitos da vida pessoal do autor. Todo personagem principal meu é um pouco "alter ego". Mas em *Pilatos* ele flutua. É uma grande vítima, mas é sobretudo uma grande testemunha. Ele não tem erro, não se admite errado, é a terceira pessoa em absoluto.

Então há no livro a intensidade da primeira fase e a elaboração da última. Mas o que explica seu nascimento? Foi um produto das experiências dos livros anteriores, um momento da vida pessoal ou uma inspiração que baixou?

> Desde criança eu queria fazer um troço assim, uma história de um "duplo" que aparece no lugar do original. Só não sabia que esse duplo seria um pinto... Acho que minha experiência toda deságua em *Pilatos*, sem estar lá diretamente. É um livro antierótico, influenciado por Rabelais, mas não há purgação de nada. Os outros livros meus é que são purgativos.

Por que o memorialismo é tão forte na literatura brasileira e na sua?

Memória é tudo que a gente tem. Dinheiro, amor, sucesso, tudo isso podem tirar de você, a memória não. Acho que o memorialismo é um dos elementos que ajudam a definir a literatura brasileira. Mas toda ficção do século XX é bastante memorialística. Pense em Proust, em Joyce. No século XIX havia o grande romance, de Balzac, Stendhal, Dickens etc, normalmente em terceira pessoa, não memorialístico. O escritor cooptava a psicologia e a sociologia porque estas ainda não eram disciplinas autônomas. No século XX a psicologia e a sociologia ocuparam muito mais espaço, e ao escritor só restou a memória.

Você escreve numa crônica: "Perdi a fé num mundo mais justo e num homem melhor". Seria essa uma sina do intelectual moderno?

Acho que essa é uma tendência antiga. Há, claro, os grandes poetas que cantaram o lado heróico do homem, que mostram que o homem vence o dinossauro, que uma civilização foi criada: inventaram o cachorro-quente, a informática etc. Mas a maioria mostra mesmo é que o homem não é grande coisa.

(GZM, 23.12.2000)

Carlos Heitor Cony (1927) é autor de diversos romances e livros de crônicas e colaborador diário da *Folha de S.Paulo*.

Ivan Lessa

Ivan Lessa, o terrível Ivan Lessa, não é para qualquer paladar, para qualquer coringa. Você acha que se trata daquele velho tipo durão-com-coração? Que ele se exilou do Brasil para não parar de pensar no Brasil? Que seu texto tem o humor negro dos que foram idealistas demais? Que ele prefere "tomar notas" a escrever, como diz numa daquelas divertidas histórias de *Garotos da fuzarca* (Companhia das Letras,1986) que sua única realidade é a memória, o Rio dos anos 50 que parece carregar para Cascais, Veneza, Praga? Pode ser, pode não ser.

Ivan vê o mundo – crônicas de Londres é um livro surpreendente. Primeiro, porque ninguém sabia que suas crônicas para o Serviço Brasileiro da BBC iam dar um livro, selecionadas por Helena Carone para a Objetiva. Segundo, porque há no livro um Ivan Lessa um tanto mais palatável, sem aquelas brilhantes digressões e alusões que povoam textos como os que faz para esse jornal, mas com a mesma memorabilia que é seu assunto de sempre. E terceiro, porque ainda assim são textos sem comparação na imprensa brasileira em sua intensidade, ironia e invenção, tipicamente "Ivan, o

Terrível", mesmo quando ele escreve sobre um sabiá, o Natal ou as férias; são dignos da tradição que vem de Machado de Assis a Otto Lara Resende, passando pelo grande Rubem Braga. Aí, no final, de repente, ele ataca de novo: "Este fim de milênio está levando séculos para acabar".

Desde 1978 em Londres, afora um período anterior de quatro anos – interrompido pela edição de *O Pasquim* em seu melhor período depois daqueles números iniciais –, Ivan nem sequer pensa em voltar. Homem de hábitos inarredáveis, vai todo ano a Portugal passar as férias de verão, como se um inglês feito qualquer outro, apesar do sótão cheio de macaquinhos e bananas. O filho de Orígenes e Elsie Lessa desistiu do romance prometido anos atrás à Companhia das Letras, título provisório *Nos astros, distraído*, ao gosto de sua enciclopédia mental de música popular, e, na entrevista a seguir, diz que a maior vantagem de estar na Inglaterra é não estar no Bananão. Não há, na verdade, charada alguma a matar.

Você chama o Brasil de Bananão e diz que não sabe por que nunca mais pisou os pés aqui. Mas seus textos têm uma nostalgia inegável, repleta de bricabraques bananeiros. Ou é a suprema prerrogativa do exilado moldar o próprio passado a gosto?

Não fui mais ao Bananão porque fica longe e é caro. Tenho, ao todo, mais de um quarto de século de vida de emigrante em Londres (morei aqui entre 1968 e 72). O emigrante vive numa corda bamba danada. Tentar ficar – são – no lugar em que está e não mitificar o lugar que deixou. Certos países facilitam mais a vida das pessoas. O emigrante bengalês, por exemplo, tem uma opção simples: ou esquece por completo Bangladesh ou fantasia-o até ele se parecer, digamos assim, com algo para ele sensacional, algo assim feito a Índia. Eu estou em Londres e, ocasionalmente, me lembro do Brasil, embora a Net insista, todos os dias, em me mostrar um Bananão. Impossível moldar qualquer coisa com esse tipo de barro.

Seu passado tem nome, endereço e CEP? Em texto recente, você disse que o início do fim do Rio de Janeiro já foi nos anos 50, aquele período que todo mundo idolatra dizendo que o fim começou só em 1960 com a fundação de Brasília. Era tudo tão idílico assim?

> Meu passado tem isso tudo. Como o de todo mundo. A mudança da capital para Brasília é uma mera data arbitrária, sem dúvida, mas contém algo de verdade, no que diz respeito às mudanças violentas que se sucederam. Não é que fosse idílico. Apenas reunia mais condições de agüentar a chatice de sempre: político, milico, pobre, rico, esses troços.

Você nasceu em São Paulo e mora em Londres há 21 anos. Mas foi um dos que mais deram ao *Pasquim* o inconfundível tom carioca que já iniciara na *Senhor*. Por que esse inconfundível tom carioca tinha tanto alcance nacional?

> Porque o resto do pessoal tava falando baixo paca. Ou então apenas se esgoelando.

É verdade que Millôr Fernandes era craque no frescobol? É verdade que Paulo Francis namorou mulheres da "rái-soçaite"? E quem meteu a mão na cumbuca do *Pasquim*? Sabe como é, aqui no Bananão adora-se uma fofoca.

> Millôr, acho, praticamente inventou o frescobol. Era uma forma subversiva de atingir com um petardo os netinhos de milico que se atrevessem a ir à praia entre os postos quatro e cinco lá pelos anos 40 e 50. Consta que ele tenha aleijado pelo menos uns quatro garotos. Pelo que o país, penhorado, agradece. Se Paulo Francis disse que namorou mulheres da "rái-soçaite" então, obviamente, ele as namorou, não é mesmo? Francis jamais faltaria para com a verdade diante dos seus leitores, estou certo.
> Cumbuca do *Pasquim*? Estou por fora. No Bananão adora-se fofoca, certo. Mas, desde que há Net, eu não me lembro de ter lido uma única linha interessante a que se pudesse chamar de fofoca, *gossip* ou *potin*. Talvez o único mexerico mesmo tenha sido aquele do Pedro Collor a respeito do irmão. Continuamos cordialíssimos.

Você, o Millôr, o Francis, o Ruy Castro, o Sergio Augusto, todos adoravam música americana, cinema americano, cigarro americano, sei-lá-mais-o-quê americano. A *Senhor* era mais filha de *Esquire* do que de *O Cruzeiro*? *O Pasquim* era mais filho de Saul Steinberg do que do Barão de Itararé?

> Deixa o Millôr de fora dessa lista. Sei o que você está dizendo. Chamemos de "influência", tá? Não é só a *Senhor* que era filha do *Esquire*. Nós todos, você inclusive, somos filhos de americano. Americano do Sul, mas americano, confere? Hoje em dia adoram-se muito mais os EUA, embora eles nunca tenham tido tão pouco para dar ao mundo. Do *rap* ao *disaster movie*. Quanto ao tabagismo e ao câncer, podemos responder agora orgulhosamente: "É, mas a lepra a gente faz sozinho mesmo".

Quando você relê, se é que relê, as páginas de quadrinhos como *Gip Gip Nheco Nheco*, que impressão tem? Valem um CD-ROM comemorativo?

> Não releio. Não valem gibi, quanto mais CD-ROM.

Sua coletânea anterior, *Garotos da fuzarca*, é tão divertida e criativa que Francis escreveu: "Ivan tem a imaginação mais rica da nossa geração". Essa imaginação já fez brotar o prometido romance *Nos astros, distraído*? Sua geração não vale um romance? Seu romance não vale uma geração?

> Não tenho nem talento nem vontade de escrever romance. Não tenho geração. Isso é coisa de americano.

Ivan vê o mundo mostra um Ivan *diet* (ou seria *light*, em português?). Há até crônicas líricas, rubembraguianas etc e tal. A diferença está no fato de ter escrito para o rádio ou no fato de saber que ninguém estaria lendo?

> Foram escritas para o rádio, conseqüentemente para ninguém ler. Eu contava com o fato de que as "crônicas rubembraguianas" se perderiam no éter, entre confete e serpentina, qual Pierrettes enlouquecidas no tríduo momesco (é isso que é "rubembraguiano"?). Dei azar.

Por que os brasileiros são bons de crônica?

> Porque somos bons no pingue-pongue, na conversinha. Gostamos de falar de nós mesmos.

A essa altura do campeonato, você já torce mais para o Manchester do que para o Flamengo? Afinal, mora em South Kensington, trabalha na BBC e, nas férias, vai a Portugal. Qual a grande vantagem de estar aí: ser inglês ou não ser inglês?

> A maior vantagem de estar na Inglaterra é não estar no Bananão. Além, é claro, de não ser obrigado a acompanhar futebol. O críquete é mais interessante.

Qual das qualificações você não reclama de receber: cronista, humorista, jornalista, escritor, radialista, memorialista ou "o mundo é um teatro e Ivan Lessa, seu crítico"?

> Sou apenas mais um brasileiro que foi embora em busca de uma vida melhorzinha.

(GZM, 1.10.1999)

Ivan Lessa (1935) vive desde os anos 70 em Londres e é cronista do site da BBC *Brasil.*

Luis
Fernando
Verissimo

A crônica no Brasil teve alguns autores de grande qualidade literária que também chegaram ao sucesso popular. João do Rio, Rubem Braga e Nelson Rodrigues são exemplos que logo vêm à mente. Depois deles, o grande cronista famoso do país é, claro, Luis Fernando Verissimo. Escrevendo para jornais e televisão, além de encontrar tempo para romances (dois até agora), tocar saxofone e assistir a jogos de futebol, Verissimo é lido por um público tão amplo quanto fiel. Prova disso é a presença precoce na lista de mais vendidos de suas três coletâneas recém-lançadas: *Aquele estranho dia que nunca chega* (sobre política e economia), *A eterna privação do zagueiro absoluto* (futebol, cinema e literatura) e *Histórias brasileiras de verão* (sobre "vida íntima"). A publicação simultânea, com o título geral *Vide*

Verissimo, é mais uma sacada da editora Objetiva, que há pouco mais de um mês editou também as crônicas para rádio de Ivan Lessa, *Ivan vê o mundo,* outro livro excelente.

Conclusão imediata: a crônica brasileira vai bem, obrigado. Mas que isso não deixe de fazer pensar naquilo que Verissimo trouxe para o gênero que tanto era do gosto do maior escritor brasileiro, Machado de Assis. Verissimo modernizou a crônica nacional assimilando – como Machado assimilara na ficção – a influência da literatura de língua inglesa, especialmente a de humor. Isso se vê em sua linguagem concisa e coloquial, mas cheia de entrelinhas, um tanto diferente da "sinceridade" mais confessional, seja da vertente lírica de Rubem Braga, seja da vertente assertivista de Nelson Rodrigues. Meio que mesclando crônica e artigo, relato pessoal e análise jornalística, e sem cair nos destemperos explícitos de outros praticantes da modalidade, Verissimo renovou a crônica.

Tem grande percepção para o comportamento social e suas mudanças e semelhanças no passar do tempo, revelando mais sobre a atual classe média brasileira em seus textos (para não falar nos desenhos como os da *Família Brasil*) do que todos os ficcionistas vivos do país, somados. E trunfo dos trunfos: é um homem de idéias, não um mero diarista, e ele as defende com um charme que nenhuma discordância pode negar. Seu intimismo não é nostálgico, é reflexivo; ele não precisa rir para que se perceba que está contando uma piada; e jamais deixa de dar sua opinião, incisivamente quando necessário, em assuntos variados. Sobre influências, métodos e assuntos, ele fala na entrevista a seguir, feita por fax *from* Porto Alegre.

Ivan Lessa diz que a crônica no Brasil tem uma tradição tão rica porque "somos bons no pingue-pongue", com as exceções de praxe como Euclides da Cunha. Você concorda? E por que somos bons no pingue-pongue? Lessa diz que é porque "gostamos de falar de nós mesmos", contar a vida (íntima) para os outros...

Acho que a crônica pegou no Brasil pelo acidente de aparecerem bons cronistas, como o Rubem Braga, que conquistaram o público. Ou seja, não existem tantos cronistas porque existia uma misteriosa predisposição no público pela crônica, acho que foram os bons cronistas que criaram o mercado. Outros países têm bons cronistas, mas só no Brasil, que eu saiba, eles chegaram a ter reputação literária sem fazer outra coisa, como o Rubem Braga e os outros. Fora o Paulo Mendes Campos, que também era poeta.

Você, na verdade, talvez seja o menos "confessional" dos cronistas brasileiros. Difícil vê-lo relatar que foi a tal lugar, com tal pessoa, num dia chuvoso etc e tal. Por quê?

De certa maneira, o cronista é sempre seu assunto. A crônica não é lugar para objetividade, todos escrevem de acordo com seus preconceitos. Ser mais pessoal, mais coloquial, depende do estilo de cada um. Mas a gente está se confessando sempre.

Há uma mescla de artigo e crônica nos textos dos três volumes. Como se você estivesse interessado nas idéias, na reflexão sobre o comportamento humano, e ao mesmo tempo desconfiasse profundamente de generalizações e filosofices. Você é um pensador que "croniqueia" ou um cronista que filosofa?

Prefiro pensar que sou um cronista que às vezes tem teses, mas nunca vai buscá-las muito fundo. O negócio é pensar sobre as coisas, e tentar pensar bem, mas nunca esquecer que nada vai ficar gravado em pedra, ou fazer muita diferença.

Seu humor tem a leveza da tradição carioca, mas não o desbocamento (à *Pasquim*, digamos); tem preocupação confessa, embora eventual, com assuntos gaúchos, mas nada do tom "orgulho sulista"; é seguramente um estilo de sabor brasileiro, mas há nele uma contenção, por assim dizer, que é diferente do lirismo de Rubem Braga, do personalismo de Antonio Maria e outros exemplos locais. A pergunta é: você tenta se conscientizar a respeito dessas "categorias"? O que acha de regionalismos?

O fato de escrever para jornais de todo o país determina, um pouco, a maneira de escrever, mas nunca fui, assim, um gauchista. Tem gente que diz que eu escrevo em americano traduzido e isso talvez explique o tom de muita coisa. Mas não penso muito sobre isso, não. Com os americanos e os ingleses, a gente aprende que há uma diferença entre escrever engraçado e escrever coisas engraçadas. E também entre escrever sério e escrever coisas sérias. Difícil de explicar, mas é por aí.

Uma de suas influências seria seu próprio pai, Erico Verissimo? Num dos textos você diz que ele escrevia com informalidade. Seria esta a influência? E o fato de que, como ele, você não pertence a panelinhas – é também uma influência direta?

Escrevo com informalidade e com a preocupação de ser claro e o pai também era assim. Ficar em Porto Alegre e não procurar muito a "vida literária" também foi uma escolha dele, mas neste caso não foi uma imitação minha, pelo menos não consciente. Mais uma questão de personalidade.

Podemos ver em você o "despojamento anglo–saxão" que você vê em seu pai. Mas quais as suas fontes imediatas? Você morou nos EUA. Quais eram suas admirações lá? O pessoal da New Yorker – Robert Benchley, James Thurber, S.J. Perelman – encabeça a lista? E seu desenho? Tem influências de Saul Steinberg e outros que atuaram nos Estados Unidos?

Eu praticamente me alfabetizei em inglês, portanto a influência americana existe desde os quadrinhos. Li todos esses que você mencionou, mais o Woody Allen e o Peter de Vries, mas o meu autor preferido era um inglês, Evelyn Waugh, que até há alguns anos eu lia e relia. No desenho, o Steinberg era a grande admiração, sim, mas não sei se foi influência. Talvez mais o Jules Feiffer.

Por que crônica e futebol têm casamento tão bom no Brasil? Será porque em ambos o improviso (olé) e a objetividade (gol) precisam se ajustar?

Na verdade, crônica esportiva literária, até há pouco tempo, só quem fazia era o Armando Nogueira e, aqui no sul, o Ruy Carlos Osterman. Muitos escreviam bem sobre futebol, mas sem outras pretensões. Hoje tem aí o (José Roberto) Torero e outros fazendo coisas excelentes.

Você escreveu durante a Copa da França que, jogando mal, Ronaldo era o segundo melhor jogador do mundo – o primeiro era ele jogando bem. Ronaldo foi mesmo o responsável pela derrota e nunca voltará a jogar bem?

> Ronaldo foi a grande frustração da Copa e, ao mesmo tempo, revendo aqueles jogos, a gente nota como ele foi efetivo, mesmo errando tanto. Mas desde então ele nunca mais acertou, e agora vai ser operado outra vez. É uma pena. Problemas de mulher e de articulação, os mesmos dos heróis desde a Grécia Antiga.

O futebol moderno, do clube-empresa e do jogador-propaganda, é realmente tão sem épica – ou lírica – quanto dizem? E o problema é excesso ou falta de concentração?

> Acho que o futebol dentro do campo está bem jogado como nunca esteve, muito mais competitivo e atraente do que na sua época "lírica". O problema é fora do campo, com a desorganização e os dirigentes oportunistas, incompetentes ou bandidos mesmo. Eu defendo o futebol empresarial e os campeonatos organizados e promovidos como espetáculos. Este é um caso em que a gente deveria imitar o modelo americano.

Em que posição você joga melhor: na crônica ficcional, política ou futebolística?

> A ficcional é a melhor de fazer, a política é quase obrigatória e a futebolística é uma indulgência que eu me dou de vez em quando.

Se você não tivesse de produzir tanto para imprensa e TV, escreveria mais romances? O sucesso de O clube dos anjos foi estimulante?

> Eu não conseguiria viver só de livros, mesmo com livros que vendem como O clube dos anjos. E também não sei se conseguiria escrever romances sem os prazos e as cobranças, mesmo que tivesse tempo. É o vício jornalístico.

No volume político, *Aquele estranho dia que nunca chega*, você critica o Pensamento Único, o neoliberalismo, a globalização etc. O que você acha que seria ideal para o Brasil agora: encontrar um candidato da chamada centro-esquerda que desse ênfase ao social e interrompesse a abertura da economia?

Acho que a esquerda merece uma chance no Brasil, nem que seja só para cometer todos os erros que ela não cometeu e pelos quais é cobrada. Com que candidato, não sei. Tenho pensado muito numa chapa Tarso Genro–Dona Ruth.

Você diz que o século xx foi o das "boas intenções derrotadas". Também foi o século do biquíni, de Frank Sinatra, de Pelé... E o século das listas de melhores do século. Você faria uma lista das dez boas intenções vencedoras?

Este foi o século em que as melhores idéias foram derrotadas. Eu só livraria a escada rolante e o controle remoto.

(GZM, 26.11.1999)

Luis Fernando Verissimo (1936) colabora com diversos jornais e revistas do país e seus livros, como *Mentiras que os homens contam*, estão entre os mais vendidos dos últimos anos.

Milton Hatoum

Milton Hatoum está enrolando um cigarro com fumo Drum, à mesa do restaurante Carlota. Hábito adquirido no período em que viveu em Paris, como estudante de literatura hispano-americana. Hoje mora em São Paulo, depois de 15 anos em Manaus, para onde voltou depois da temporada européia. Nasceu em Manaus em 1952, de pai libanês, e também depois de 15 anos a deixou; viveu ainda em Brasília, Madri, Barcelona, Taubaté e outro período em São Paulo, nos anos 70. Bebe água, dispensa entrada porque quer espaço para a torta de maçã com sorvete na sobremesa, pede um linguado. E começa a contar as histórias de sua infância e juventude, que são fundo e origem de seus dois romances publicados, *Relato de um certo Oriente* e *Dois irmãos* (ambos pela Companhia das Letras).

A seqüência enquadra as características do autor e sua obra: convivência com diversas culturas, modos amenos e estudados de quem busca a palavra certa como bom discípulo de Flaubert, referências intelectuais francesas e lembranças afetivas manauaras. Hatoum é um escritor de integridade rara, capaz de não publicar livro nenhum por 11 anos, mesmo depois do sucesso de estima que obteve com sua estréia, o *Relato*, premiado com o Jabuti e traduzido para seis países, com oito mil exemplares vendidos de 1989 até hoje.

O livro mais recente, *Dois irmãos*, que lhe valeu a indicação para o Prêmio Multicultural Estadão e também para o Prêmio Jabuti de ficção, já vendeu a mesma quantidade em alguns meses e seus direitos de tradução foram adquiridos por sete países. Entre um romance e outro, Hatoum não ficou parado. Pelo contrário. Apenas decidiu não publicar enquanto não estivesse satisfeito com o livro. Depois de sete versões, *Dois irmãos* ganhou capa, contracapa e a tiragem inicial de três mil exemplares. E o leitor ganhou por esperar.

"Devo ser o maior escritor de livros não publicados", brinca Hatoum. Pelo menos três foram completados, incluindo um romance de seiscentas páginas que mistura saga imigrante, história política e a experiência parisiense. "Os temas não se misturaram. Ficou troncho." Quando Hatoum decidiu deixar o Brasil, em 1980, era "um poeta bissexto e um contista inédito". Doze poemas haviam sido publicados no volume *Amazonas, um rio entre ruínas*, com fotos ilustrativas. Os contos foram todos para a lata de lixo. Também já havia escrito uma novela histórica, sob a influência de Alejo Carpentier, mas sem a publicar. Os manuscritos "reprovados" pelo próprio autor não são inúteis: além do amadurecimento do estilo, muitos são engavetados para futuro reaproveitamento. É o caso neste momento: Hatoum reescreve uma antiga história, sobre um pintor que é proibido pelo pai de seguir carreira. Cenários: Manaus e Rio de Janeiro.

Carpentier é sinal da presença da literatura hispano-americana em sua vida. Para Hatoum, o melhor livro escrito sobre a Amazônia não é de um brasileiro, mas de Carpentier: *Los pasos perdidos*. Um ano na Espanha e três na França foram marcados pelo estudo das literaturas francesa e hispano-americana. Formado em Arquitetura pela USP em 1977, Hatoum sempre mostrou mais interesse pela arquitetura textual de autores como Carpentier, Juan Carlos Onetti, Mario Vargas Llosa, Lezama Lima, Juan Rulfo, Julio Cortázar, Gabriel García Márquez. Sua obra não partilha o barroquismo da maior parte desses autores, mas tem alguns pontos em comum, como a descrição de uma vida em clã e seus efeitos no tempo.

Mas a literatura veio como castigo e se revelou liberdade bem antes, quando Hatoum leu trechos de *Os sertões*, de Euclides da Cunha. O "gênio verbal" de Euclides e sua capacidade de perceber o choque de dois mundos brasileiros no conflito de Canudos lhe abriram a consciência. "Apesar das idéias racistas, Euclides percebeu o impasse da República. No fim, o exército é mais bárbaro naquela luta fatricida. A prosa euclidiana me pegou para o resto da vida."

Não à toa, atualmente Hatoum trabalha numa tese de doutorado sobre Euclides e a Amazônia. Euclides visitou a região de Hatoum em 1905. De novo, percebeu antes dos outros o estado de semi-escravidão vigente nos seringais. Percorreu o rio Purus convencido de que um país com 50% de sua natureza em estado de indomabilidade não teria muito futuro. Vítima de impaludismo, planejou escrever sobre a região sua obra-prima da maturidade, *Um paraíso perdido*. Mas, para tristeza de Hatoum e da literatura brasileira, o tiro de Dilermando acabaria com o projeto.

O "castigo" de ler e fichar *Os sertões* foi imposto a Hatoum no Ginásio Amazonense Dom Pedro II, um colégio público de disciplina férrea, onde os alunos marchavam engravatados sob o sol de Manaus. Outro livro que teve de ler foi *O ateneu*, de Raul Pompéia, que marcou Hatoum pela semelhança entre as infâncias escolares. Que a leitura desses livros tão diferentes seria significativo para o futuro escritor, cujo livro de estréia só apareceria aos 37 anos, ele não podia imaginar. A força da literatura de Hatoum vem de sua capacidade de combinar as duas correntes predominantes na ficção brasileira: a urbano-intimista de um Pompéia, a natural-épica de Euclides. A primeira é definida pelos atritos psicológicos, muitas vezes desenredados de qualquer contexto histórico-social, salvo como pano de fundo. A segunda é definida pelos limites ambientais, muitas vezes determinantes dos comportamentos individuais, subprodutos rasos.

Outros brasileiros na lista de influências de Hatoum são Pedro Nava e Machado de Assis. *Esaú e Jacó,* de Machado, é obviamente uma referência central para *Dois irmãos*. Mas em Machado a história dos dois gêmeos, Pedro e Paulo, é tomada como conflito de duas ideologias, a monarquia e a República. "Machado já naquela época percebeu o impasse brasileiro", diz Hatoum. "Ele mostrou a desfaçatez da elite nacional. Na verdade, monarquia ou república seria a mesma coisa."

Em *Dois irmãos* os gêmeos não encarnam diferenças ideológicas, mas antes comportamentais: Omar é extrovertido e boêmio, Yacub, introvertido e calculista. Omar fica em Manaus e acompanha a decadência da cidade sob o capitalismo selvagem pós-Zona Franca. Yaqub vai a São Paulo estudar na Politécnica e fazer carreira de sucesso, mas "faz tanto mal" aos outros quanto seu irmão desregrado. São, como em Machado, dois destinos nacionais – ambos insatisfatórios, frustrantes. Hatoum não tem o humor de Machado, mas deriva diretamente do estilo machadiano em sua capacidade de observar o comportamento humano em suas minúcias escamoteadoras. Poucos autores brasileiros conseguiram ser machadianos sem serem imitadores de Machado.

Pedro Nava, claro, marcou Hatoum pelo memorialismo, pela estrutura ramificadora de suas narrativas, em que as linhas do clã vão se encontrando e desencontrando no ritmo das associações. Tudo, primeiro, está em Marcel Proust, cuja imagem da mãe que beija o filho antes do sono é usada em *Relato*. Dos franceses, Hatoum cita também Flaubert (escreve a introdução de *Salambô* para a editora Cosac & Naify no momento) e Stendhal. E há ainda Joseph Conrad, com sua escrita que trafega da ação à reflexão no cipoal do choque de culturas. Hatoum faz o mesmo em sua ficção, sem o tom grandioso – o contraste moral com a natureza – que existe em Conrad. Apesar de muitas dessas leituras, nacionais e internacionais, sugerirem um gosto pelo épico, Hatoum não o adota em sua ficção. "O romance nasceu da fragmentação do épico. Põe a história em perspectiva, mas com objetividade e com desencanto", diz. "O romance é uma busca de sentido num mundo que, ao final, não faz sentido."

Hatoum nota que na literatura brasileira há raras obras de fôlego épico, como *Os sertões*. "Houve também *Quarup*, de Antonio Callado, um grande livro." Na literatura hispano-americana ele é mais comum, como em García Márquez e Vargas Llosa. Até mesmo em Borges é possível ver "uma nostalgia do épico", pois Borges escreve sobre a impossibilidade de escrever um épico hoje. "Não que não existam romances desencantados. Basta pensar nos dramas faulknerianos de Onetti, infelizmente pouco conhecido no Brasil." Também nota que a literatura brasileira não tem grandes ficções políticas, como *Conversa na catedral*, de Llosa. "Mais uma vez, a exceção é Callado, *Reflexos do baile*. Mas é curioso como faltam romances políticos no Brasil. Por que será?"

A política deixou marcas em Hatoum e em sua ficção. Até 1968, quando se mudou para Brasília, levava o que chama de uma vida provinciana, estudando, farreando e até cantando serestas de todos os gêneros musicais sob encomenda.

O seresteiro manauara estava em Brasília no auge do regime militar, quando o governo baixou o AI-5. Lia "Sartre, Camus, Graciliano", escrevia crônicas políticas e participava do movimento estudantil. Mas Brasília não ajudava: "Era o oposto de uma cidade como Manaus, que nos anos 60 era belíssima. Em Brasília faltavam vizinhos, e a atmosfera da época era de delação e violência".

Hatoum veio para São Paulo. Entrou na FAU, trabalhou na seção cultural da revista *IstoÉ* por dois anos, deu aula de arquitetura em Taubaté, fez cursos na Faculdade de Letras da USP com professores como Irlemar Chiampi, Leyla Perrone Moisés e Davi Arrigucci, que assinou a orelha de *Relato* e é um dos críticos mais admirados por Hatoum. Mas "o Brasil estava cansando".

Em 1979 foi para Madri como bolsista de uma instituição ibero-americana. Depois de seis meses, trocou de cidade: passou outros seis meses em Barcelona, que o fascinou. Deu aulas de Português, até traduziu Jorge Amado. Mas em 1980 conseguiu uma bolsa para estudar na Sorbonne, em Paris. Ficou ali até 1984, quando decidiu voltar a Manaus. Professor de Francês e de Literatura Francesa na Universidade Federal do Amazonas, não vivia fácil: chegou a fazer traduções de textos de Odontologia.

Mas o impacto maior foi a cidade que encontrou, dezesseis anos depois. Saíra um ano depois da criação da Zona Franca de Manaus. Ao retornar em 1984, encontrou uma cidade parecida com um "bazar oriental", povoada de indianos, chineses, coreanos, além das indústrias montadoras – ou, na versão irônica, "maquiadoras" – que lá se instalaram a partir de 1975. Manaus, que poderia ter sido uma "Curitiba do Norte" (Hatoum tem uma irmã que mora há trinta anos na capital paranaense), ressaltava apenas o "lado bárbaro": uma cidade corroída por populismo, fisiologismo, má administração, um exemplo perfeito da "modernidade manca" brasileira. "A elite brasileira não quer mudar o país", diz Hatoum. "Chamo de elite tanto o vereador que desvia verba da educação quanto o ministro suspeito e o empresário sonegador. Eles inviabilizam a cidadania do povo brasileiro."

O primeiro trauma tinha sido na partida: deixar a cidade natal aos 15 anos, de avião, sabendo que não voltaria tão cedo, fôra "uma ruptura". Retornar a uma cidade "caótica e favelizada" não estava nos planos. "Falta água numa cidade que está às margens do maior rio do mundo", diz Hatoum, que ficou ali até 1999, com a cidade pior ainda. "Hoje é uma cidade cheia de viadutos e obras grandiosas, mas sem infra-estrutura. A política habitacional é desastrosa."

A morte do pai e o fim do casamento levaram Hatoum a voltar para São Paulo, onde se casou de novo. Mas a política populista também o afastou de Manaus. "Aqui em São Paulo ainda é possível viver sem pensar na política o tempo inteiro", diz. "Lá você fica muito perto da política, emparedado por ela. E a cidade decaiu muito culturalmente. São Paulo está muito caída, mas ainda está viva."

Manaus confirma a percepção de Euclides, que, quando esteve lá, a comparou com Belém, mais civilizada e organizada, e sentenciou: "Uma cidade comercial e insuportável". Ali Euclides encontrou "brasileiros desterrados dentro de sua própria pátria" que parecem, nas palavras de Hatoum, estar em Manaus como num "lugar de passagem", onde estão lado a lado a floresta e uma fábrica de computadores – muitos séculos em oposição. "Vejo conflito em tudo", confessa Hatoum. "Talvez porque Manaus é assim, cheia de atemporalidades, atemporalidades traumáticas." Mas, pelos paradoxos da arte, é essa Manaus que habita Hatoum e lhe dá matéria para a ficção, uma cidade misturada, tomada por aventureiros de todas as partes do Brasil e do mundo, "pessoas que vão e vêm, como é típico de uma vida portuária". Dessa Manaus flutuante é que Hatoum puxa os rios dos conflitos.

"Estou aqui tomando este sorvete de baunilha e me lembrando do sorvete de cupuaçu", diz Hatoum. O cupuaçu pode ser como a *madeleine* de Proust, o aroma que traz os ambientes e as gentes do passado. Pode trazer a lembrança da avó "fortíssima", de sua "presença matriarcal" sobre toda a família, como algumas mulheres em seus romances. Pode revelar a "formação clânica" da vida manauara, meio tribal, em que primos, vizinhos e amigos são matéria-prima para os personagens finamente manufaturados pelo autor. Pode lembrar os pescadores ribeirinhos, que mantêm a tradição oral da cidade, com suas histórias e lendas, uma oralidade que, somada à elaboração inventiva, dá memorável frescor às narrativas de Hatoum, ao equilíbrio dinâmico de sua linguagem: rica em vocábulos, mas sem dialeto; direta e fluente, mas também densa e triste – encontro do Negro com o Solimões, pulsando sob o desencanto.

A família Hatoum esteve pela primeira vez no Brasil no início do século, quando seu avô foi para Xapuri (AC), animado pelo milionário ciclo da borracha e depois de onze anos voltou para Beirute, Líbano. Contou histórias do Brasil para o pai de Milton, que durante a Segunda Guerra também decidiu ir para o Acre e, mais tarde, se instalou em Manaus como comerciante, tal como outros libaneses, sírios e judeus marroquinos que vieram "fazer a América" – uma outra América – no norte do Brasil. A Manaus dos anos 50 em que Hatoum cresceu já tinha a mescla de imigrantes, nordestinos e gente do interior, "que vinha para a cidade para ser excluída, uma das perversidades brasileiras", como as índias que serviam como empregadas da família Hatoum.

A ascendência materna não é muçulmana como a paterna, mas cristã maronita, e chegou também do Líbano com o bisavô Hana, dono de pensão em Manaus. A pensão de *Dois irmãos* nasce daí, mais do que dos romances sociais franceses lidos por Hatoum. Ele é um escritor que ouve e observa essa Manaus multicultural, complexa, mestiça. O narrador de *Dois irmãos* é um agregado de uma casa libanesa, filho de uma cabocla que vive ali de favor. É esse ponto de vista meio assimilado, meio deslocado, que dá a "obliqüidade" machadiana do livro: por sua condição, o narrador é o único capaz de olhar com algum distanciamento para o passado e reconstruir a memória daquele conflito fraternal.

"Preciso de vinte anos de distância", diz Hatoum. Seu narrador, também. Só então ele pode lembrar de sua mãe, Domingas, que sofre a meio caminho entre os dois irmãos e esconde do filho a identidade do pai, que pode ser Yaqub (a quem ela ama) ou Omar (que numa de suas bebedeiras a agarrou à força). Outra que padece, paralisada, entre os pólos, é a irmã deles, Rânia, numa relação incestuosa que a faz pensar que o homem ideal seria um híbrido de Yaqub e Omar. Rânia, como os personagens de Machado subjugados pela indefinição entre dualidades, jamais encontra o homem ideal. Pai e mãe, cada um ligado mais a um filho (Yaqub e Omar, respectivamente), têm seu destinos ainda mais marcados pelo conflito.

Aqui está a energia de Hatoum, que lhe dá ao mesmo tempo originalidade e continuidade em relação à tradição literária brasileira. Não há nele a crença ou descrença no mito do hibridismo. "A mestiçagem em si é boa", diz, "mas não deve ser colocada em primeiro plano. Mestiçagem com desigualdade brutal não é salvação de nada". Em sua Manaus os atritos são incessantes. A passagem do tempo traz o desfocamento da memória, mas a imaginação ajuda a recuperá-la. Essa é a arte do romance, é o que liberta até o possível narrador do futuro, que tenta manipular aquela massa de lembranças, dar-lhe "coerência interna", na expressão de Flaubert que Hatoum evoca. E essa coerência não rima com falsificação, com facilidade: ela é aperfeiçoada em sucessivas versões.

A primeira versão de *Dois irmãos*, escrita em ritmo impulsivo, era mais curta. Foi a avaliação do professor Arrigucci que fez Hatoum reescrever o romance. O gênero não estava definido, disse Arrigucci; Hatoum tinha de decidir se era novela ou romance – ou seja, teria de adensar ou esticar a narrativa. Ele esticou. Fundiu histórias que ouvia de conhecidos e parentes, acrescentou tipos folclóricos como Wyckham, Laval e Perna-de-Sapo. O livro é fértil em cenas fortes, descritas com ritmo e plasticidade impressionantes: aquela em que a mãe, Zana, busca o filho Omar no cais e o retira dos braços da mulher com quem tem feito contrabando; a morte do pai, Halim; a surra que Omar dá em Yaqub, quando se descobre traído pelo irmão nos negócios; e muitas outras. Escrevendo tanto tempo depois ("o futuro, essa falácia que persiste"), o narrador conta as histórias, mas também sofre com elas, expõe seus sentimentos ambíguos quanto aos gêmeos, luta para manter o barco em águas tão tumultuosas, serpenteia entre a passionalidade de Omar e o racionalismo de Yaqub.

Hatoum explica que seu nome, que em árabe se diz *Ratúm*, vem do radical *hátma*, que significa *despedaçar*. É o que ele faz em seus romances. O clã de *Dois irmãos* vai se desfazendo e, como é próprio dos desmoronamentos, a partir de um momento vemos como tudo aquilo é irreversível. Essa coerência narrativa não pode ser confundida com um passo apressado do autor. O tempo mesmo é que acelera a dissolução daqueles laços tão fortes quanto instáveis, que o equilíbrio da escrita serve para revelar, não ocultar. Hatoum se diferencia de todos os outros escritores brasileiros ativos (já que Raduan Nassar largou a ficção) por correr riscos, por andar na fronteira entre mundos distintos, entre o culto e o coloquial, o simbólico e o real, o imaginado e o vivido, o particular e o histórico, o íntimo e o regional. É ao leitor que cabe o encanto.

(OESP, 26.3.2001)

Milton Hatoum (1952) é romancista, professor e tradutor. Seu novo romance se chama *Vila Amazônia*.

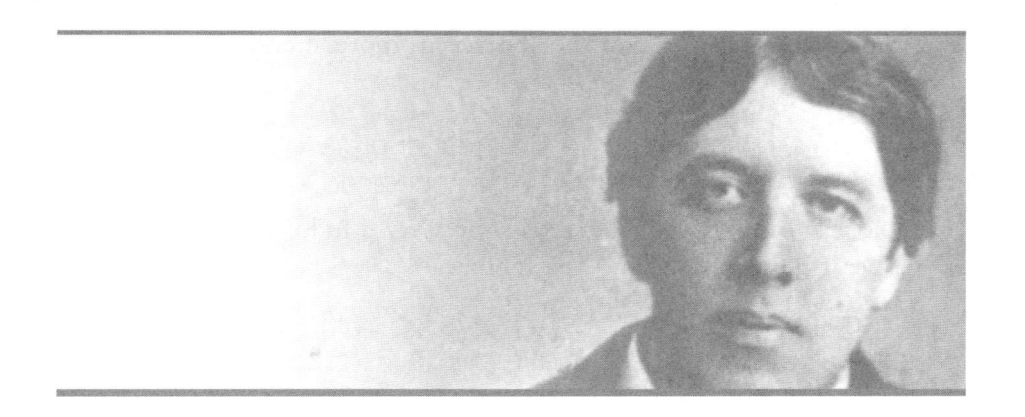

Oscar Wilde

(entrevista imaginária)

Oscar Wilde está na penumbra, ao lado do abajur *art–nouveau* desenhado por seu amigo Dante Gabriel Rossetti. Para quem imaginava um Wilde feliz com a grande *réussite* atual de sua vida & obra, é surpreendente vê-lo discreto, sereno, bem menos afetado do que aparenta nas fotos. Também não é tão feio quanto parece, nem "decadente" como pintado por Toulouse-Lautrec durante o exílio em Paris. Como um Dorian Gray bem-sucedido, não envelheceu. Mas parece mais espirituoso na mente do que alegre no jeito. A seguir, os principais trechos da entrevista que deu a este jornal, visivelmente pouco disposto a falar sobre si mesmo.

Sr. Wilde – ou devo chamá-lo de Oscar?

Sr. Wilde, por favor.

Desculpe sr. Wilde, por que o sr. hesitou tanto em conceder esta entrevista? Há um interesse cada vez maior por sua pessoa, por sua vida.

Minhas histórias pessoais me aborrecem mortalmente. Eu prefiro as dos outros.

Mas sua reputação não pára de crescer. Para quem foi tão mal compreendido em sua época, é uma superação e tanto, não?

Não. Em nossos dias podemos sobreviver a tudo, exceto à morte, e superar tudo, exceto uma boa reputação.

Seja como for, o sr. sofreu muito depois do escândalo que terminou em sua prisão. Hoje o seu julgamento é visto como um caso de repressão moralista, o sr. virou uma espécie de mártir da liberdade de opção sexual, e...

Adoro os escândalos que envolvem os outros, mas os escândalos que me envolvem não me interessam. Eles não têm o encanto da novidade. O tédio é a única coisa horrível neste mundo. É o único pecado para o qual não existe perdão.

O fato de ter sido perdoado pela posteridade não o interessa?

Antigamente era regra canonizar nossos heróis. O método moderno é torná-los populares. Só que um verdadeiro artista não se preocupa com o público. O público não existe para ele. Só há um mérito em ter simpatia pelo sofrimento, mas é muito mais difícil ter simpatia pelo pensamento.

Mas parece haver hoje uma simpatia pelo seu pensamento.

De qualquer modo, ser adorado é fatigante.

O que adoram é o modo como sua arte expressa sua vida. *De Profundis* é venerado em todas as escolas de letras mundo afora.

Um artista deveria criar apenas belos objetos, sem lhes acrescentar nada de pessoal. Vivemos numa época em que os homens tratam a arte como se fosse uma espécie de autobiografia. Perdemos o sentido abstrato da beleza. O valor de uma idéia não tem nada a ver com a sinceridade de quem a exprime.

Mas sua sinceridade é que lhe trouxe a glória póstuma.

É porque quando as pessoas nos falam dos outros são habitualmente entediantes. Quando nos falam de si mesmas, são quase sempre interessantes, e, se fosse possível interrompê-las quando se tornam fatigantes, como se fecha um livro que não nos diverte mais, seriam absolutamente perfeitas.

Foi esse o seu erro, ter falado fatigantemente de si próprio?

Eu achava a moderação desastrosa. Achava que um homem capaz de dominar um jantar londrino seria capaz de dominar o mundo. Nosso passado, eis o que somos. Não há outra maneira de julgar as pessoas.

E o futuro pertence ao dândi, o sr. escreveu. "As pessoas de gosto refinado dominarão o mundo." Estamos no ano 2000. Elas dominam?

De modo algum. Não conhecemos praticamente, entre nós, qualquer espírito que se exprima com alguma liberdade. As pessoas denunciam o pecador, e no entanto não é o pecador que nos envergonha, mas o imbecil. A imbecilidade é o único pecado.

Há quem diga que o sr. foi imbecil em insistir em processar o pai do seu namorado e em chamá–lo – logo o sr.! – de "insolente". Mas há quem diga que o sr. foi condenado por expor a verdade intolerável. Quem está certo?

A verdade raramente é pura e jamais é simples. A vida moderna seria extremamente tediosa se fosse qualquer uma dessas coisas e a literatura também não poderia existir. As pessoas são ou encantadoras ou entediantes.

E a arte, também?

O que é verdade na arte é verdade na vida.

Então a arte não pode ser pura nem simples?

Toda arte é imoral. O fim da arte não é somente a verdade mas também a beleza em toda sua complexidade. Para o artista, o vício e a virtude são materiais para sua arte. Um livro é bem escrito ou mal escrito – é tudo. A grande arte revela a arte e dissimula o artista.

Mas como fazer da vida uma arte, se o sr. mesmo não conseguiu?

É uma pena que só possamos tirar lições da vida quando elas deixaram de ser úteis para nós. Jamais deveríamos tomar partido seja lá do que fosse.

O sr. disse que o século xx *veria acabarem todos os preconceitos. Agora que ele está terminando, o sr. acha que acertou?*

> Os presságios não existem. O destino não nos envia mensageiros. Ele é por demais astuto ou cruel para isso.

Dizem que o sr. tomou partido contra as mulheres.

> Não. As mulheres, por exemplo, gostam muito de fazer coisas perigosas. É uma de suas qualidades que mais admiro. Elas pertencem a um sexo cuja obstinação nos fascina. Toda mulher é uma rebelde, em geral tem revolta selvagem contra si própria. Mas elas estragam todas as histórias de amor tentando fazê-las durar para sempre.

Uma vez vi uma peça em que o sr. aparecia de saltos altos e unhas pintadas, lendo em voz alta as cartas que escreveu para lorde Douglas. O sr. parecia uma drag-queen. *O que o sr. acha das* drag-queens?

> Hoje em dia, todo grande homem tem seus discípulos, e é invariavelmente Judas quem escreve a biografia. As vestimentas dos gregos não eram, em sua essência, artísticas. Só o corpo deveria revelar o corpo. Os detalhes são sempre vulgares. E toda vulgaridade é um crime.

Um crime que o sr. também cometeu?

> Eu... Tive minhas ilusões. Achei que a vida fosse ser uma comédia brilhante. Mas colocar toda sua vida num lance de dados não é fraqueza. É uma coragem horrível. A sociedade perdoa freqüentemente o criminoso, e jamais perdoa o sonhador: muita sinceridade é fatal. A maior parte das pessoas abre falência porque investe de maneira excessiva na prosa da vida. Acabar arruinado pela poesia foi uma honra.

(OESP, 26.11.2000)

Oscar Wilde (1856-1900), dramaturgo, crítico e ficcionista, foi um dos grandes escritores irlandeses. Seus aforismos estão entre os melhores.

Fernando Pessoas

(diálogo imaginário)

Lisboa, bairro do Chiado, um dia chuvoso de outono, final dos anos 20. Fernando Pessoa, Alberto Caeiro, Álvaro de Campos e Ricardo Reis se sentam ao redor de uma mesa no café A Brasileira. Pessoa está de capote e bengala, um tanto introspectivo, talvez preocupado com as contradições de algum mapa astral; Caeiro veste roupas de camponês, com respingos de barro na calça; Campos mostra o relógio Cartier que acaba de trazer de Paris; Reis carrega um dicionário de latim e pede vinho e água para todos. Pessoa, o mais velho dos quatro, dá início à conversa contando que começou a escrever um livro de poemas que planeja chamar de *Mensagem* e fazer conter todas as características da alma portuguesa em seu caráter universal. O trio se espanta. Até agora nenhum deles havia publicado livro; todos os poemas eram produzidos para revistas e jornais. Por que então a novidade?

— Estou farto de improfícuas agonias — responde Pessoa. — Pus a alma no nexo de perdê-la, e o meu princípio floresceu em Fim.

— Mas tu mesmo – pergunta Campos – não disseste que tudo é ilusão, sonhar é sabê-lo?

— E não pediste em canção ao Senhor – lembra Caeiro, aparentemente não recuperado da noite de ópio anterior – que eles nos desse ao menos a força de não mostrar a dor a ninguém?

— E quem disse que mostro? – reagiu Pessoa. – Não uso o coração, por isso escrevo livre do meu enleio. Sentir? Sinta quem lê!

— A tua lenha é só peso que levas – intervém Reis – para onde não tens fogo que te aqueça.

— Como assim? – perguntam os outros, confusos.

— Pouco usamos do pouco que mal temos. A obra cansa, o ouro não é nosso – diz Reis.

— Mas, meu caro – replica Caeiro, com um semblante ao mesmo tempo alegre e triste –, o único sentido íntimo das coisas é elas não terem sentido nenhum. Se as coisas fossem diferentes, seriam diferentes: eis tudo.

— Logo – diz Reis –, põe quanto és no mínimo que fazes.

— Então quero publicar – arremata Pessoa. – Penso profundamente, por isso tenho saudades.

— Mas por que fazer das saudades e pensamentos um livro? – insiste Reis.

— Porque todo começo é involuntário. Deus é o agente.

— Mas apenas mortos somos só nossos, entende? O que acho é que a lembrança esquece.

— Eu acho que a alma que sente e faz – argumenta Pessoa – conhece só porque lembra o que esqueceu. E, se é assim, vivemos porque houvesse memória em nós do instinto da raça. O mais é carne.

— Que angústia te enlaça? – perguntam os outros, juntos.

— Meu ser tornou-se-me estranho, e eu sonho sem ver os sonhos que tenho. A angústia é a vela que passa na noite que fica. Somos todos cadáveres adiados que procriam.

— Eu também – acrescenta Campos – sou um convalescente do Momento. Moro no rés-do-chão do pensamento e ver passar a Vida faz-me tédio. Sou um espalhamento de cacos sobre um capacho por sacudir.

— Então por que tu escreves? – contesta Reis.

— Para me unir ao exterior pela estética. Sou definidamente pelo indefinido – diz Campos, reticente – e em cada fragmento fatídico vejo só um bocado de mim. Mas ao menos fica a amargura do que nunca serei.

— À arte o mundo cria — assente Reis, dando baforadas no cachimbo. — Assim na placa o externo instante grava seu ser, durando nela.

— Meu misticismo é não querer saber — retruca Caeiro. — Não sei o que é a natureza: canto-a. Se eu morrer novo, sem poder publicar livro nenhum, peço que não se ralem por minha causa. Se assim aconteceu, assim está certo.

— E o nome inútil que teu corpo usou, vivo, na terra — diz Reis, apontando para Caeiro —, como uma alma, não lembra.

— Mas isso exige um estudo profundo, uma aprendizagem de desaprender — ressalta Caeiro. Os outros não conseguem definir se ele está sereno ou agoniado. — Todo o mal do mundo vem de nos importarmos uns com os outros, quer para fazer bem, quer para fazer mal. A nossa alma e o céu e a terra bastam-nos. Querer mais é perder isso, e ser infeliz. Valeu a pena?

— Tudo vale a pena — responde rapidamente Pessoa — se a alma não é pequena. Deus ao mar o perigo e o abismo deu, mas nele é que espelhou o céu.

— Eu nunca fiz mais do que fumar a vida — observa Campos. — Produtos românticos, nós todos... Mas, como um Deus, não arrumei nem a verdade nem a vida.

— Mas por que tanta tristeza? — pergunta Reis.

— Não sei. Pela manhã eu estava um pouco triste. E o dia deu em chuvoso. — Campos olha para fora e vê a chuva caindo. — Dêem-me o céu azul e o sol visível. Névoa, chuvas, escuros, isso eu tenho em mim.

— Tu és louco — critica Pessoa, sob olhar atônito dos companheiros. — Louco, sim, louco, porque quis grandeza qual a Sorte não dá. Mas sem a loucura que é o homem mais que a besta sadia?

Caeiro olha para o copo d'água à sua frente.

— Vês? Formam-se bolhas na água que nascem e se desmancham e não têm sentido nenhum salvo serem bolhas de água que nascem e se desmancham.

— Sentido nenhum? — pergunta Pessoa. — É do português querer, poder só isto: o inteiro mar, ou a orla vã desfeita. O todo, ou o seu nada.

— Mas e se ele não quiser? — questiona Campos.

— Quem quer é Deus. Deus quer, o homem sonha, a obra nasce. Minha alma é um arco tendo ao fundo o mar... O tédio? A mágoa? A vida? Deixa-se... Eu cumpro informes instruções de além, e as bruscas frases que aos meus lábios vêm soam-me a um outro e anômalo sentido. Veja a cor do outono: é um funeral de apelos para minha dissonância...

– Mas isso não é um fingimento? – interfere Reis. – Se não houver em mim poder que vença o futuro, já me dêem os deuses o poder de sabê-lo.

– O poeta é um fingidor – diz Pessoa, irônico. – Finge tão completamente que chega a fingir que é dor a dor que deveras sente.

Caeiro está visivelmente cansado dessa conversa toda. Com um gesto de muxoxo, diz: – Há metafísica bastante em não pensar em nada. O que penso eu do mundo? Sei lá o que penso do mundo! Se eu adoecesse, pensaria nisso. E não estou nem alegre nem triste. Esse é o destino dos versos. Escrevi-os e devo mostrá-los porque não posso fazer o contrário. Passo e fico, como o Universo. Tu não concordas?

– Concordo – diz Pessoa, sem passar muita convicção. – Afinal, de quem é o olhar que espreita por meus olhos? Quando penso que vejo, quem continua vendo enquanto estou pensando? Às vezes, na penumbra do meu quarto, toma outro sentido em mim o Universo: é uma nódoa esbatida de eu ser consciente sobre minha idéia das coisas. – Dá um suspiro. – A fé já não tem forma na matéria e na cor da Vida.

– É, sentir a vida convalesce e estiola – diz Campos. – Acordamos e o mundo é opaco, levantamo-nos e ele é alheio. Saímos de casa e ele é a terra inteira, mais o sistema solar e a Via Láctea e o Indefinido. A metafísica, amigos, é uma conseqüência de estar mal disposto.

– E se colho a rosa é porque a sorte manda – ajunta Reis, depois erguendo o copo na direção dos outros. – Gozemos escondidos. Com mão mortal elevo à mortal boca o passageiro vinho, baços os olhos.

– De eterno e belo há apenas o sonho. Porque estamos falando ainda? – completa Campos.

Os olhos de todos ficam tristes, até mesmo o de Caeiro.

– Os meus pensamentos são contentes – diz ele. – Só tenho pena de saber que eles são contentes. – Olha de novo para fora. A chuva parece ainda mais forte. – Pensar incomoda como andar à chuva quando o vento cresce e parece que chove mais. Ser poeta não é uma ambição minha. É a minha maneira de estar sozinho.

– A minha também – dizem juntos Campos e Reis. Os três olham para Pessoa, aguardando sua reação. Depois de um tempo em silêncio: – Caiu chuva em passados que fui eu – diz ele enfim, com olhos de ressaca, mirando um horizonte que já não existe. – Narrei–me à sombra e não me achei sentido. Erro-me, e nada mais quero nem peço... Triste de quem é feliz! Vive porque a vida dura. – E agora Pessoa fixa seus olhos nos amigos. – Sim, vocês estão certos. Ser descontente é ser homem. Tudo é incerto e derradeiro. Tudo é disperso, nada é inteiro.

Pessoa bebe o último gole de seu vinho. Olha para o romântico e entediado Álvaro de Campos, para o hedonista e cético Ricardo Reis, para o bucólico e realista Alberto Caeiro. Pensa em lhes apontar as contradições, mas vê que elas também são parcialmente suas. Pensa em lhes dizer "Eu criei vocês", mas se sente também uma criatura deles. Deixa então o copo sobre a mesa e se despede: – Adeus.

– Adeus – respondem os outros em uníssono, enquanto partem cada um para um lado.

A chuva também se fôra.

(GZM, 4.12.2000)

Fernando Pessoa (1888-1935) foi o maior poeta português do século xx.

John Updike

Uma aventura medieval, como as da Távola Redonda, no Brasil dos anos 60 a 80. Ou: *Tristão e Isabel.* Ou: *Brazil* – o título definitivo do novo livro do americano John Updike, 60, a ser lançado simultaneamente no Brasil e nos EUA em fevereiro. "É uma versão da lenda de Tristão e Isolda, sobre duas pessoas acorrentadas uma à outra por seu destino sexual", conta Updike na entrevista a seguir, a primeira no mundo inteiro sobre seu 16º, romance.

Tristão é negro e pobre; Isabel, branca e rica. São jovens cariocas e um dia se casam. O livro, até onde se sabe, os mostra viajando por várias regiões do país, relacionando-se com índios e visitando sessões de magia. Updike, que esteve no Brasil em março do ano passado para lançar sua tetralogia *Coelho,* escreveu-o sob duas influências: o antropólogo francês Lévi-Strauss e o escritor brasileiro Machado de Assis. Dessa mistura complicada – as lendas analisadas por Lévi-Strauss descritas com o estilo breve e sereno de Machado – nasceu *Brazil.*

O sr. é conhecido como um escritor dos EUA que trata do *american way of life,* fã de Mickey Mouse... O sr. visitou outros países, mas nenhum o fez escrever um livro; por que o Brasil?

Não vou dizer que sempre fui um apaixonado pelo Brasil, mas sempre me interessei por ele, antes mesmo da minha breve visita em 1992. Quando estive aí achei o país adorável, então tive essa idéia de situar um pequeno romance no Brasil, numa espécie de Brasil mental meu.

Sua idéia de Brasil mudou depois que esteve aqui?

Sim, claro; a tremenda realidade do Brasil a mudou bastante. Mas visitei basicamente as cidades costeiras, Rio e São Paulo, além de Brasília e Ouro Preto, e quando penso no Brasil tendo a pensar em sua vastidão, na vastidão de seu interior. Há muitos anos li um livro de Lévi-Strauss, *Tristes trópicos,* e talvez ele tenha contribuído muito para meu Brasil imaginário.

O sr. vê relações entre EUA e Brasil?

Sim, bastante. Ambos são grandes, têm uma população ex-escrava, começaram na costa leste e tiveram uma lenta expansão para o Oeste, têm uma costa sofisticada e um interior inocente, em ambos há uma noção de liberdade e enriquecimento. São países muito vagos, misteriosos, onde os homens vêem a promessa de ser felizes. Temos grandes diferenças, mas tive a estranha sensação de estar em casa aí.

O que o sr. considera "brasileiro" no livro?

Li Machado de Assis e quis escrever o livro à maneira dele, com capítulos curtos. Eu tendo a escrever o que chamam aqui de *longwinded,* isto é, as frases, os parágrafos e os capítulos são longos. Achei que para escrever um livro sobre um país que não conheço bem, se adotasse o estilo de Machado, poderia ser mais econômico e vivo.

E o sr. acha que esse livro mudou sua maneira de escrever, que daqui para frente o sr. vai ser menos...

Menos Proust e mais Hemingway (risos). Meu livro anterior a *Brazil* foi *Memórias do governo Ford*, bastante proustiano. *Brazil* foi uma espécie de antídoto a essa maneira de escrever e acho que, sim, na minha próxima ficção vou ser mais como Machado, sugestivo.

O Brasil sempre sugere aos estrangeiros ser barroco...

> É verdade, o Brasil é barroco para os outros países. As igrejas são barrocas, o livro *Backlands* (*Os sertões*, de Euclides da Cunha) é barroco...

O sr. concorda?

> Bem, suponho que isso seja uma herança portuguesa, mas o pouco que li da ficção brasileira não é barroca; Machado de Assis tem um estilo muito rápido e breve. Quando penso no Brasil como estilo, penso nele um pouco como francês, intelectualmente, e também *cool*, sua música é *cool*, comparada à americana. Minha imagem do Brasil é assim. Quando penso nos brasileiros que conheci, há uma espécie de *flamboyance*, de teatralidade, mas também uma espécie de distanciamento francês.

Qual é o principal interesse do livro?

> É uma história de amor e o casal viaja muito, uma viagem que é um pouco como as da Távola Redonda – há uma noção de grande espaço vazio que eles atravessam. Mas não há personagens principais, e mesmo as centrais não são presenças psicológicas – são míticas. São vagas, simples.

O livro ia se chamar *Tristão e Isabel*. Isso sugere uma espécie de ópera tropical?

> Sim, o livro é um pouco assim. É como que uma versão da lenda de *Tristão e Isolda*, em que os dois morrem ainda jovens. Meus personagens vivem num tipo de Idade Média.

O sr. acha que ler Lévi-Strauss foi o que o levou a lidar com alegorias?

> Muito possivelmente. Ele tem um livro sobre mitos sul-americanos (*O cru e o cozido*) que me impressionou, com suas fábulas.

O sr. diria que *Brazil* é uma fábula?

> Sim, diria. Talvez não uma fábula brasileira, mas acho que o Brasil é um pouco um lugar de fábulas; o Carnaval é uma fábula, a política, a diferença entre ricos e pobres... É um país dado às fantasias. Claro, a vida é dura no

Brasil como em todo lugar, mas veja por exemplo a paixão pelas telenovelas, como mostrou a morte daquela atriz (Daniella Perez*).

O sr. não há uma dualidade aí: escrever como Machado de Assis usando alegorias barrocas?

O livro não foi fácil de escrever. Machado de Assis sabia muito como ser sugestivo porque ele conhecia bem sua própria sociedade. No entanto, tentei manter aquela tranqüilidade e rapidez enquanto escrevia. Achava que, de certa maneira, não saber muito me ajudaria a manter a história viva. Você está certo, é um paradoxo. Mas o estilo de Machado é realista e, no entanto, tem grande poder de sugestão, como em *Dom Casmurro*. Há um toque de fantástico em Machado.

O sr. falou no passado racial de Brasil e EUA. Há a questão racial no seu livro?

Sim. Tristão é preto, e Isabel, branca.

Ele é preto e pobre e ela, branca e rica? É sua intenção fazer um retrato social do país?

Não me arrogaria a tanto, mas me parece que é uma situação que poderia acontecer; basta olhar nas ruas do país e se vêem casais de pretos e brancos, como mais e mais existem nos EUA. É um evento global, a miscigenação.

O sr. não teve medo de fazer uma espécie de *bricolage* das impressões que teve aqui no perído de uma semana?

Sim. Mas sempre se corre riscos. O risco que corri nesse livro foi de ele virar uma colcha de retalhos. Mas, enquanto o escrevi, os personagens me pareceram vivos o bastante para sentir que devia terminá-lo.

A trama não costuma ser sua preocupação principal quando escreve um romance. Esse foi o caso de *Brazil*?

---

*N.E.: Comoção popular e repercussão devido ao assassinato da atriz Daniella Perez, em 1992, então protagonista da novela *De corpo e alma*, de Glória Perez.

Não. A trama dirige esse romance; há muitas histórias nele, para meus padrões. Tentei pintar numa tela algo fantástico, uma certa curva de ação, tentei fazer uma história de aventura.

E a imagem do Brasil de mulheres bonitas e sexo?

As duas personagens centrais fazem sexo, mas não acredito que as outras sejam pessoas *sexy*. Não é de jeito nenhum um panorama de um "paraíso sexual", como sei que o Brasil costuma ser considerado. É um livro sobre lealdade, sobre companheirismo, sobre duas pessoas acorrentadas uma à outra por seu destino sexual.

Que reação ao livro o sr. espera dos brasileiros?

Não sei. Acho que muitos vão odiar porque vão achar absurdo que se escreva um livro sobre o Brasil sendo apenas um turista. Acho que os brasileiros não são as pessoas certas para ler o livro. Estou mais de olho na reação dos americanos. Mas posso estar errado. O problema é que mesmo a tradução para o português pode fazer o livro parecer mais estranho ainda; as falas não são coloquiais, o menino negro não fala muito diferente da mulher branca etc.

Qual é o seu próximo projeto?

O próximo livro é uma coletânea de contos e estou apenas pensando num novo romance, que talvez se passe no passado. (Pausa). Acho que você vai achar *Brazil* um pouco esquisito, bobo, mas foi agradável escrevê-lo. Quando um livro dá a sensação no escritor de sentir-se em casa, talvez alguns leitores achem um abrigo ali também.

(FSP, 24.12.1993)

John Updike (1932) é crítico e romancista. Seu livro mais recente é *Seek my Face*.

Ferreira Gullar

O poeta Ferreira Gullar decidiu lançar uma bomba na arte contemporânea. Para ele, a morte da arte é como a morte da morte: não pode ocorrer. Mas, que as insanidades que tomaram conta de galerias e bienais se esmeram em dar cabo dela, é fato – um fato que Gullar não agüenta mais. Os artigos que compõem *Argumentação contra a morte da arte* foram escritos com a pena da galhofa e a tinta da ira; reunidos, podem enfim reinaugurar a discussão de valores como "inovação" e premissas como a de Duchamp: "A função da arte é chocar".

Não pense que Gullar é uma voz clamando no deserto; o problema é que seus opositores possuem megafones, buzinas e muito mais a lucrar com o que supostamente "analisam". Intelectuais brilhantes como George Steiner (o maior entre os vivos), John Updike, Giulio Carlo Argan e Clement Greenberg estão com Gullar. São poucos, mas poucos e bons – tal qual os ingleses na Batalha de Agincourt.

Na entrevista a seguir, concedida por telefone de sua casa no Rio de Janeiro (onde preside o Ibac – Instituto Brasileiro de Artes Cênicas, ex-Funarte – Fundação Nacional de Artes), Gullar dá pequena amostra do que diz seu livro. Bom lembrar: ele é crítico de arte há mais de trinta anos. Entre outras curiosidades, é um dos fundadores do movimento neoconcreto, que está entre as pedras-de-toque da "antiarte". Portanto, não se espere de *Argumentação contra a morte da arte* um libelo antimodernista como *Paranóia ou mistificação?*, texto de Monteiro Lobato de 1917 que fala pelo homem médio de hoje. Gullar sabe onde pisa. E de lá não saem odores agradáveis.

O sr. não acha que se o livro tivesse sido escrito de uma vez, em vez de ser coletânea de artigos em jornal, o impacto seria maior?

Talvez. Eu tinha a idéia de publicar um livro sobre esse problema da arte contemporânea, e ainda pretendo fazer isso, quando tiver tempo. Tudo começou quando publiquei uma conferência minha sobre o tema, e depois fui dando continuidade, aquilo foi se desenvolvendo. O trabalho ganhou um todo.

O ponto de partida de sua *Argumentação contra a morte da arte* é a rejeição da idéia de que a arte evolui. Mas não existe de fato um aprimoramento técnico em certas linhagens?

O que critico é essa supervalorização da idéia de evolução, que é o princípio da vanguarda. Quer dizer, valores estéticos não contam; só conta a novidade. Acontece que a idéia de vanguarda acabou. Esse princípio da inovação conduziu a um impasse e estes aos absurdos que estão aí. Então a arte acabou!? Não há nada de novo para fazer. Claro, falo do novo pelo novo, que é uma coisa autofágica. O novo é inerente à grande arte; nenhum poeta digno quer fazer o que já foi feito. Ele tem uma proposta, não quer dizer o que está dito.

Mas quais seriam esses "valores" estéticos?

Permanência. É isso que é arte: a busca de fundar o permanente. Chegou-se, nas últimas décadas, ao cúmulo de criar a "arte do efêmero", do "perecível", o que é uma contradição em termos. O artista busca o permanente para assim motivar a realidade. Vou dar um exemplo. O Ibac está doando obras para o acervo do Museu Nacional de Belas Artes em breve. Outro dia encontramos lá uma coisa, que é um pedaço de ferrolho que era emendado com um pedaço de borracha. Não sei quem é o autor. Que vou fazer? Cadê o pedaço de borracha, como era a emenda? Esses caras negam a permanência da obra de arte, mas eles acreditam na "sublimidade" da arte, em que não acredito absolutamente. É só botar o ferrolho lá, que vem outro cara e escreve uma lauda complicadíssima. Transformamos o mundo de duas maneiras. Ou poeticamente ou simbolicamente. Essa gente destrói a linguagem visual, mas consagra a verbal. Que revolução há nisso?

O público não gosta da arte contemporânea. O problema está nele, que não gosta da arte que exige esforço e conhecimento, ou isso é genuíno?

Esse público se divide em dois. Existe o cara de cabeça acadêmica, que ainda não entendeu Picasso, e tenta nos imputar seu preconceito. E existe o outro lado: o cara que chegou a Picasso, Matisse, mas não é um estudioso da arte, não é um teórico, e portanto não entende nada.

Por que o sr. acha que as artes plásticas, especificamente, descambaram em tanta fajutice?

Não sei. É uma boa pergunta, sempre me indago isso. Em todos os outros campos da atividade artística o vanguardóide foi superado. Quando a coisa ameaça a própria natureza da expressão, há a percepção disso. Todos reconhecem a arte, o gênio de "Finnegans Wake", de Joyce, mas ninguém vai tomar aquilo como exemplo, como modelo. Por que na pintura não se deu isso? Realmente não sei. Presumo que há um problema institucional. Bienais, centros culturais, os especialistas, eles não se lixam para o público. Formam uma gangue, uma seita, que pouco se lixa para a sociedade. E o Estado paga isso; não entendo.

O que o sr. pensa de dois "gurus": um da geração anterior, Hélio Oiticica, outro desta, Cildo Meireles?

Acho que exageram a importância de Hélio Oiticica. Ele foi vítima de um radicalismo; não é por acaso que se entregou às drogas no fim da vida. Lygia Clark foi mais importante, apesar de todo o talento do meu amigo Hélio. Os "Parangolés" só existem como teoria. Eu fui um desses teóricos. Até que um dia senti o vazio debaixo dos pés. Cildo Meireles também tem talento. Vi uma instalação dele no começo da carreira que era bem interessante, criava uma atmosfera forte, tinha subjetividade. Mas das últimas coisas não gosto, não. Esse cerebralismo duchampiano teve sentido em determinada época, mas não subsiste como arte.

(FSP, 18.4.1993)

Ferreira Gullar (1930) é crítico e poeta. Seu último livro de poemas inéditos é o ótimo *Muitas vozes* (1999). *Relâmpagos* (2003) reúne textos sobre artes visuais.

Robert Hughes

Os que acham que o chicotinho liberta; as lúmpen-feministas; os pós-estruturalistas; os que acreditam em "reserva de cotas" étnicas ou sexuais; os licenciadores intelectuais do pop monossilábico; os críticos do elitismo; os neoconservadores e os politicamente corretos do Brasil – preparem-se. O arrasa-quarteirão de Robert Hughes, lançado nos EUA no começo do ano, *A cultura da reclamação*, vai lhes cair sobre a cabeça.

Hughes, 55, um australiano, é o maior crítico de arte atuante nos EUA. Escreve quase semanalmente na revista *Time* e, com menor freqüência, no *New York Review of Books*. Autor de diversos livros, é mais conhecido no Brasil pela série *O choque do novo*, apresentada na TV Cultura. Hughes escreve muito bem e é de uma lucidez indefectível – o que o faz uma *avis rara* (e como) entre os críticos de arte dessa segunda metade do século.

Foi de sua perspectiva humanista, de intelectual voltado ao público e não enclausurado em academias, que nasceu este *Cultura da reclamação*, em que expõe os variados assaltos que a liberdade de expressão e o multiculturalismo (em seu sentido real) vêm sofrendo nos Estados Unidos. Identifica um a um todos que estão provocando esse clima de intolerância que, em sua opinião, expressa "o desgaste americano". E, como os EUA são imitados no mundo todo via satélite, nada poderia ser mais interessante e bem-vindo. Na entrevista a seguir, Hughes, por telefone, de Nova York, fala sobre a histeria "PC" ("politicamente correta"), a crítica jargonista e seus próximos projetos.

Seu livro mostra a cultura americana pressionada entre duas duras políticas: a "PC" e a neoconservadora. O sr. acha que haverá um relaxamento dessa tensão logo ou ela vai dominar toda a década?

Existe um meio-termo aí, mas os extremos são fortes. Não posso prever uma década toda, mas acho que nos primeiros anos desta década a situação vai continuar assim.

Fatos como esse estatuto de comportamento sexual que o Antioch College aprovou apontam para isso?

(Risos) Sim, apontam. Está se tornando uma espécie de histeria. É como um livro recentemente publicado aqui, de uma mulher chamada Kathleen McTiernan, que argumenta que toda pornografia deveria ser banida, que a pornografia é uma arma dos homens. Esse tipo de absolutismo moral está ficando popular na América. Americanos gostam de moralizar; é provavelmente uma conseqüência de seu passado puritano (risos). São estranhas convulsões intelectuais que os EUA têm de tempos em tempos, como nos anos 60.

E se no mundo inteiro os EUA são imitados...

É verdade, e isso pode ser visto na Austrália. Mas, veja, esse excesso de zelo politicamente correto não significa que não haja injustiças! Acho apenas que o uso de eufemismos, a mera troca de palavras, não ajuda a eliminá-las. Há coisas importantes sendo feitas, histórias como a dos negros que estão sendo revistas etc. O problema é o risco de criar a intolerância e de acabar com a educação decente. E isso não acontece apenas na América; basta ver o nacionalismo no Leste Europeu, que favorece o separatismo, ou seja, o oposto do separatismo que tantos intelectuais aqui reivindicam. Mas aqui não tem tanto a ver com a luta por melhorias materiais, mas por uma espécie de auto-estima psicológica.

E a sociedade de consumo é o que explica isso?

Sim, sem dúvida, porque as pessoas querem ter o que não têm, e isso provoca uma insegurança interior etc.

E por que isso está explodindo agora, no começo dos anos 90?

> Por diversas razões. As teorias que tomaram conta dos anos 60, como o feminismo e o marxismo, estão de ressaca agora. Não é mais tão fácil explicar o mundo. Mas, a longo prazo, o que acho que é a raiz disso tudo é o puritanismo, a visão moral dos americanos do século passado, que queria evitar toda a forma de ofensa, de crítica; a Guerra Civil (1861-1865) foi um trauma muito mais violento do que se pensa. A própria idéia de achar que se pode mudar isso mudando alguns termos é muito americana. Os americanos sempre quiseram a utopia, sempre quiseram uma sociedade livre dos problemas do Velho Mundo. Daí a sensação de desapontamento, de frustração, e daí o materialismo dessa sociedade!

Gore Vidal disse que os últimos livros de dois dos maiores escritores americanos, Philip Roth e John Updike, não venderam mais de sete mil exemplares. Isso é fruto do "desgaste americano"?

> Bem, o último livro de Roth é muito complexo, não é o tipo de livro que vira *best-seller* aqui. O que acontece é que na cultura da TV o romance é visto como algo que vai acabar, vai ser substituído pelos filmes. E a complexidade é afugentada.

E esse retorno de uma arte ideológica, como a de Barbara Kruger?

> É uma idéia muito ingênua e vulgar, essa de que se pode legitimar uma obra de arte por sua posição ideológica.

Mas não teria a ver com uma sensação de "beco sem saída" que dominou a arte desde a *pop art*?

> Sim, sem dúvida. Houve uma fantasia de que o período de Cézanne, Picasso, Proust etc. pudesse ser repetido. E houve certo esgotamento lingüístico. Mas essa é mais uma sensação da mídia, que está sempre atrás do novo (da notícia).

Há um revival da pintura hoje...

> Espero que sim.

Quem o sr. apontaria como pintor hoje?

> Bem. Na Alemanha, Anselm Kiefer é bom, apesar de um pouco retórico talvez, e sua pintura tem implicações políticas. Na Inglaterra, Lucien

Freud. Na Espanha, Antonio García Lopez. Nos EUA, Susan Rothenberg, Bill Janson. Só para dar alguns exemplos, porque há um bom número. Eu não consigo entender a preferência dos museus pela arte conceitual; deve ser uma espécie de fenômeno acadêmico. As Bienais de Veneza e Whitney este ano mostraram isso. Há um consenso de que os artistas vêem as coisas primeiro. São só proposições políticas e sexuais!

E qual o papel do Estado na cultura?

Acho que é de estímulo, mas só para os artistas que não têm espaço no mercado de arte; e para grupos de teatro, ópera e dança e orquestras. Aqui não existe uma *culture de l'État* como o ministro Jack Lang criou na França.

Quem foram ou são os maiores críticos de arte do século XX?

Oh, meu Deus. Roger Fry, Clement Greenberg, Harold Rosenberg, Lionello Venturi, Giulio Carlo Argan. Esse jovem que escreve na *New Yorker* é bom, Adam Gopnik. E William Feaver e, mais novo que Feaver, Brian Dicson, na Inglaterra. O bom crítico é o que fica como escritor, e não por sua escolha desse ou daquele artista. Infelizmente, grande parte da crítica de hoje é lixo jargonista, escrita em péssima prosa. Esses pós-estruturalistas, seguidores de Derrida, Foucault e outros, são terríveis. Não têm nada para dizer e disfarçam com jargão. Sofrem de uma nostalgia pela Revolução. É uma influência altamente nociva, porque há coisas que não podem ser ditas em palavras! Os pós-estruturalistas trabalham com subconceitos marxistas completamente falidos. Quando se escreve uma crítica de arte, você tem de mostrar o trabalho, descrevê-lo para julgá-lo. É melhor ser impressionista que ficar redundando com teoria.

E quais os seus próximos projetos?

Nos anos de 1994 e 95 estarei ocupado com uma série para a BBC chamada *American Visions*, sobre a arte dos EUA. Depois um livro virá dela. A partir de 96 quero trabalhar em meu livro sobre Goya.

(FSP, 11.9.1993)

Robert Hughes (1938), radicado nos EUA desde os anos 70, é autor da excelente biografia *Goya* (2003).

Simon
Schama

Os interesses de Simon Schama podem parecer um tanto dispersos à primeira vista, mas esse brilhante historiador inglês de cinqüenta anos, professor da Columbia University (EUA), está construindo uma obra de grande coerência e coragem. Seu primeiro livro, *O desconforto da riqueza*, tratava da era de ouro holandesa, quando esse país minúsculo tornou-se a principal força civilizadora do mundo ocidental, conjugando o desenvolvimento econômico com o cultural. Seu segundo livro, o *best-seller Cidadãos*, propunha uma revisão da Revolução Francesa, partindo de histórias cotidianas que mostram como a rebeldia pode converter-se em terror institucionalizado. E seu último livro, *Paisagem e memória* (todos os três publicados no Brasil pela Companhia das Letras), analisa a recorrência de algumas metáforas extraídas da natureza em culturas de períodos e locais variados, como a Itália do século XV, a Alemanha do século XX e os EUA do século XIX. O que há em comum entre tais cartapácios? O próprio Simon Schama responde, em entrevista a este jornal durante sua passagem pelo Brasil na semana passada: a interseção entre história e geografia, para a qual a cultura e o cotidiano propiciam um ponto de vista privilegiado.

Sua proposição de que cultura e natureza têm um diálogo fértil vai contra a corrente predominante hoje. Nosso "clima de opinião" é de que a cultura viola a natureza, não apenas em conseqüência da exploração econômica, mas também no seu próprio ato de representação. Isso se vê na filosofia da linguagem, nas academias – e se vê nas artes plásticas, como na chamada "arte desagradável" dos ingleses, Damien Hirst e outros, que mostra animais empalhados, em tanques de formol etc. Qual é, a seu ver, a causa desse clima?

Não acho que esse modo de pensamento seja tão influente assim. O que Damien Hirst faz em torno dessa questão cultura/natureza é uma piada, realmente não leva a lugar nenhum. Há outros artistas ingleses, como Richard Long, que fazem uma reflexão muito mais séria sobre a nossa relação com a natureza. Essa arte desagradável está mais perto da tradição do *ready made*, de pegar um objeto e alterá-lo para criar um efeito supostamente chocante. Mas não está propondo questões sobre como ver a natureza ou rever a cultura. A *land art* de Long, de David Nash e Arthur Finnley, é muito mais séria do que a *disgusting art*. Mas o que você diz sobre essa desconfiança em relação à natureza simbólica é verdade. Entendendo em parte essa noção de que a linguagem não consegue mostrar tudo, de que há muitas coisas latentes entre o objeto e a palavra, entre natureza e cultura. No entanto, essas instâncias não são adversárias permanentes, e acho que o fundo de meu livro carrega essa visão de que a cultura é que faz a natureza existir e que isso não é necessariamente algo a lamentar. Projetamos na natureza nossos estados emocionais, em busca de uma resposta. Aqui entra a arte. Às vezes, claro, essa projeção pode tornar-se sinistra, como no caso da cultura germânica, mas é inevitável e não podemos acreditar numa espécie de sublimidade que a torne idealmente pura. Não existe uma natureza intocável.

No livro o sr. critica uma certa arrogância nietzschiana, que chama de "síndrome de Kiefer", referindo-se ao pintor alemão Anselm Kiefer, por causa de sua interpretação mítica da natureza. Mas diz que a alternativa a esse idealismo germânico – assim como ao sentimentalismo romântico – não é o nosso moderno "desencanto" com a natureza.

> Não é bem uma arrogância, é uma assunção de que realidade é mito, é uma ilusão de potência, uma visão poética. A questão é que quem pensar assim estará correndo sério risco de ver a vida como uma ópera wagneriana, fazendo do irracional um deus. Kiefer desenvolveu essa síndrome a partir de uma visão do passado, em que percebeu que o pensamento da Renascença, como Burckhardt o analisou, é psicologicamente limitado, porque o homem é sujeito a forças irracionais. Mas Nietzsche e Eliade exaltaram o dionisíaco, o irracional, como forças motrizes da psique, de um modo que tem conseqüências odiosas, a meu ver. Acho que Nietzsche foi muito importante e partilho dessa noção de que é preciso entrar no reino dos mitos; não acho que devemos agir à Voltaire e condenar essas coisas como ilusões, como impedimentos do conhecimento. Temos de entender a força disso em nossa psique, mas sem criar conceitos como o de "super-homem", que obstam o distanciamento crítico.

A imagem que vem à mente é a de Heidegger andando pela Floresta Negra...

> Soturno, com aquelas roupas ridículas... Heidegger era visto como um niilista depois da Segunda Guerra, mas hoje está sendo confrontado mais intensamente, porque sua visão de mundo era absurda em muitos aspectos, como quando falava sobre a superioridade do povo alemão.

Era muito mais um auto-encantamento do que um encantamento pela natureza...

> Exatamente.

Então concluímos que a solução está a meio caminho entre a mitificação e o desencanto. Que poeta e que artista o sr. citaria como precursores dessa idéia?

> Um poeta que eu citaria é Coleridge; talvez mais do que Coleridge, Keats. E um pintor: Cézanne, por quem ando obcecado. Cézanne é justamente um homem que adora a natureza mas que tem uma espécie

de distanciamento, de poder intelectual organizador, de disciplina mental, que respeita a natureza sem se submeter a ela, sem alimentar nenhuma ilusão de pureza – como Rousseau alimentava. Cézanne sabe ser tocante e crítico ao mesmo tempo.

O sr. está escrevendo um livro sobre Rembrandt?

Estou. Mas Rembrandt é muito difícil, é tão sutil.

O mesmo que o sr. diz sobre as paisagens poderia ser dito sobre os retratos de Rembrandt, por exemplo, ou as naturezas-mortas, não? Também são gêneros em que a memória tinge a captação do objeto.

Sem a menor dúvida. Rembrandt tem um auto-retrato, uma gravura, de 1636, que é feito a partir de um auto-retrato de Rubens, do qual ele apenas retirou o rosto e trocou pelo seu próprio. Mas há mudanças iluminadoras: o ângulo do queixo, o caimento da manga. Rubens fez quatro auto-retratos e estabeleceu esse visual canônico dos homens bem-sucedidos, diplomatas e ricaços, em poses respeitáveis e galantes, associadas a homens públicos. Rembrandt, que, ironicamente, queria ser um retratista de encomenda, no entanto, tira a máscara de Rubens completamente. Estabelece seu próprio teatro. É uma virada histórica. E a natureza-morta é ainda mais forte como prova do meu ponto. A *still life* é um instantâneo que tenta registrar alimentos, o peixe, os animais de caça etc., mas os melhores artistas, mesmo quando mostram animais, literalmente mortos, transformam essas coisas em mentiras, em espetáculo – as penas, os adornos. Rembrandt tem uma menina com pavão que é muito peculiar: o pavão está bem morto, com sangue correndo e tudo, mas Rembrandt sai da convenção e cria uma fantasia, embeleza ao mesmo tempo que descorporifica a cena. Há um idealismo dando uma ordenação moral a tudo.

Por que então o sr. escolheu paisagismo?

Primeiro, porque sou um grande jardineiro (risos). Outra razão é minha obsessão quanto à relação entre história e lugar, entre História e Geografia. Meu livro começou como uma análise das maneiras diferentes de ver a paisagem, e foi só depois de começar o livro, conversando com minha mãe e outros parentes, que percebi o quanto meu passado tinha a ver com a floresta, a madeira. Minha maneira de escrever história irrita muito os ingleses, eles acham que é narcisismo, que não há nenhum propósito em misturar experiências pessoais com relatos etc., mas foi assim que meu livro nasceu.

Mas essa preocupação pode ser vista em muitos pensadores ingleses. Nos escritos de John Ruskin, por exemplo. Ou no *design* de William Morris. Morris tinha uma visão de *design* mais contemporânea do que a da Bauhaus, o sr. não acha?

É o que está me parecendo! Também acho Ruskin muito tópico ainda; há vários questionamentos vivos em sua obra, sua sensibilidade vibra para nós.

Sua visão da civilização vinha da sua visão da natureza...

E isso ele chamava de verdade (risos). Você sabia que fizeram uma ópera em Santa Fé chamada *Modern Painters*, baseada no livro dele? Não ouvi, mas dizem que é horrenda. Os pintores debatendo, se acusando...

E aí Ruskin chega como um "deus ex-machina"...

E acendem um holofote sobre ele, como um anjo de Rafael... (risos) Uma aluna minha na Columbia está escrevendo brilhantemente sobre Ruskin, sobre a relação dos arranha-céus de Louis Sullivan com suas idéias em "Seven Lamps of Architecture", em que ele reclama das cidades do século XVIII porque usam as torres apenas como detalhes arquitetônicos, porque as verdadeiras torres são como a Campanile em Veneza, que serve como um pináculo, onde há uma luz à vista – e Sullivan criou daí o arranha-céu. Ruskin adorava as torres de San Gimignano, na Toscana. Mas, não, se ele visse Nova York ou São Paulo cometeria suicídio...

Por que não há no livro nenhuma menção a Darwin ou Freud, que tanto pensaram sobre a relação entre natureza e cultura?

Eu não queria fazer um livro muito teórico, queria deixar as coisas correrem. Sei que minha resposta não é satisfatória o bastante, mas estava menos interessado no significado dos mitos do que em sua performance. Isso não quer dizer que ele seja um livro alheio ao debate natureza/mito; muito pelo contrário. Mas também não recorro muito a grandes antropólogos, como James Frazer, exatamente para não ser muito conceitual. Já é muito complicado elaborar a narrativa, porque você tem de pesar as histórias, decidir quais devem ser contadas mais minuciosamente ou mais rapidamente, tecendo uma argumentação de fundo. Em vez de me deter em Freud ou Frazer, preferi me deter nas pinturas, nas histórias.

O sr. critica a concepção junguiana de arquétipos, mas ao mesmo tempo mostra como há similaridades entre visões da natureza em diversas sociedades e épocas. Onde a concepção é falha?

Os arquétipos junguianos me deixam hesitante porque são pontificações um tanto arbitrárias. O que acho é que há arquétipos que realmente parecem ser universais, e de uma forma espantosa. Meu temperamento, meu gosto próprio, é totalmente contrário a uma visão holista, unificadora, e voltado aos particulares, mas não posso negar que essas coisas estabelecem um forte padrão. Isso é verdadeiro. Você começa a pesquisar e vê que há uma enorme taxa de repetição entre essas metáforas a respeito da natureza, entre simbologias e mitologias, e meu livro acaba sucumbindo a isso. Mas isso não quer dizer que a conclusão seja a de que existem no equipamento cognitivo individual coordenadas fixas para as reações psíquicas, como medo, ansiedade etc. Não digo que é certo nem que é errado, apenas afirmo que não estou seguro de que haja uma relação tão automática, tão selvagem, no plano individual. O inconsciente coletivo é uma entidade de que suspeito. O que quis fazer no meu livro foi buscar histórias e analogias e analisar esse jogo de recorrências. Nesse sentido, um pensador como Vico é muito mais plausível. Você vê que todas as religiões partiram de uma leitura da natureza e que trazem em comum muitos elementos rituais e simbólicos – os vegetais, a água, a circularidade. O antropólogo Mircea Eliade – que em alguns sentidos era assustador, seu comportamento e sua filosofia eram assustadores em sua tentativa de explicar todas as coisas a partir de alguns padrões supostamente universais – mostra que há diversas figuras comuns nas religiões.

Seu modo de escrever história é influenciado pela escola francesa da *mentalité* – é algo a meio caminho entre ela e a escola narrativa clássica. Confere?

Sim, sim. Gosto muito de Marc Bloch, por exemplo; acho que seus livros são obras–primas. Mas, às vezes, acho que o método desses historiadores franceses leva a um estilo um tanto pueril de escrever história, um tanto minimalista. O que eu tiro deles é uma tentativa de conseguir uma observação precisa de alguns lugares, de algumas linhas peculiares. Eles foram grandes "observadores", assim como meu contemporâneo Richard Cobb, que era capaz de descrever a atmosfera, a luz de um determinado lugar, com grande talento. Foi Cobb quem me deu coragem para adotar esse estilo de historiografia sem fugir das grandes questões.

(GZM, 7.6.1996)

Simon Schama (1945) é historiador e crítico, autor da interessante biografia *Rembrandt's Eyes* (1999).

Harold Bloom

O crítico americano Harold Bloom, 64, está angustiado. Acha que a influência da tradição ocidental na cultura contemporânea está sendo desprezada pelo que chama de "submulticulturalistas". Contra isso, escreveu *The Western Canon* (*O cânone ocidental*, publicado no Brasil pela Objetiva) – livro que a editora Harcourt Brace lança nos EUA na próxima semana e que já está provocando polêmicas furiosas.

O autor de *A angústia da influência* (editado no Brasil pela Imago), em entrevista exclusiva, diz que a idéia desse novo livro não é "fazer a cabeça" de ninguém. "Apenas quis fazer uma elegia, minha elegia, à cultura ocidental." O ponto mais polêmico do livro é a lista, elaborada por Bloom, de 850 autores que julga formarem o "cânone" da cultura ocidental – ou seja, a quintessência da tradição literária iniciada, segundo Bloom, em *Gilgamesh*, o poema sumério do século 16 a.C. Na lista, Bloom dá grande espaço a autores americanos do século XX, e mesmo a jovens contemporâneos como Tony Kushner, Cormac McCarthy e outros. É capaz de incluir livros de autores semi-obscuros, como Gloria Naylor e Thylias Moss, e deixar de fora outros mais complexos, como Thomas Wolfe e Muriel Spark.

De brasileiros, só um: Carlos Drummond de Andrade. Sobre isso, Bloom se justifica dizendo que conhece pouco a literatura brasileira e que, por exemplo, as traduções dos livros de Machado de Assis são "inadequadas" [*]. Bloom também excluiu benquistos dos politicamente corretos como o anglo-japonês Kazuo Ishiguro, autor de *Vestígios do dia*, e a poeta americana Sylvia Plath. "Meu livro é uma defesa dos escritores que essa gente chama de europeus machos, mortos e brancos", disse. As polêmicas que Bloom está levantando são tantas que o lançamento do livro foi antecipado por razões comerciais. Na entrevista a seguir, no entanto, ele admite que sua lista não é infalível.

A pré-publicação da sua lista em algumas revistas tem criado grande controvérsia. Era o que o sr. esperava?

Era, sem dúvida. Escrevi meu livro contra essa idéia de que o cânone morreu, de que Shakespeare não interessa mais porque é um europeu macho, branco e morto. Esse barbarismo tomou conta da imprensa cultural.

A intenção do livro então é estimular as pessoas a ler esses autores e demonstrar a importância do cânone?

É muito mais modesta. Apenas quis fazer uma elegia, minha elegia, à cultura ocidental, que esses submarxistas, subfeministas, submulticulturalistas e subcríticos de toda espécie acham que não é necessária à educação. Essas pessoas não sabem mais ler, desconfio que nem gostem de ler. Ler livros complexos dá trabalho, e essa gente é contra o esforço. Está dominada pela TV, pelo pop.

Mas a quem se dirige *The Western Canon*?

Veja, não sou monomaníaco. Acredito realmente que haja uma minoria que lê, que quer ler Proust, Shakespeare, Fernando Pessoa. Tenho pensado em Pessoa. Ele deu sorte em morrer em 1935 – antes da derrocada que o teria deixado muito triste.

De literatura de Língua Portuguesa, além de Pessoa, quem o sr. incluiu na lista?

---

[*] N.A.: Em seu mais recente livro, *Genius*, em que trata dos cem maiores talentos literários, Bloom salda a dívida com Machado, único brasileiro incluído na obra.

Jorge de Sena, José Saramago, José Cardoso Pires, muitos outros. O único brasileiro é Carlos Drummond de Andrade.

Por quê? E Machado de Assis, Guimarães Rosa, Euclides da Cunha?

Eu gostaria de conhecer melhor a literatura moderna brasileira. Estou estudando Português – leio Português, acompanhado de dicionário. Machado de Assis certamente teria lugar na lista, mas não julgo que as traduções de seus livros para o inglês sejam adequadas. Por isso não incluí. Mas coloquei vários autores latino-americanos, como Ruben Darío, Borges, Carpentier, Cabrera Infante, Cortázar, García Márquez, Vargas Llosa. Você é obrigado a se limitar ao que conhece.

Mas isso não cria sérios danos a uma lista que se pretende um cânone da literatura ocidental? Como colocar Tony Kushner e deixar Muriel Spark de fora.

Sem dúvida, mas lembre-se: minha lista não é "o" cânone, é o meu cânone. Não quis estabelecer um cânone definitivo. Há muitos escritores excelentes, como Spark, que não estão na lista, mas há muitos que estão. Creio que vale a pena ler e reler todos os livros da minha lista.

(FSP, 25.8.1994)

Harold Bloom (1930) é autor, mais recentemente, de *Hamlet, poema ilimitado*. Em seu livro *Gênio* (2003), incluiu Machado de Assis.

Gay Talese

O que levou Gay Talese a contar a história do *The New York Times?* Talese é tido como o inventor do *new journalism*, um estilo que buscava na ficção os recursos necessários para dar a uma história mais "clima", mais psicologia, um estilo elaborado, quando não afetado, e subjetivo, declaradamente parcial. Por que então contar a história do *New York Times,* jornal cuja alcunha é "a velha dama cinzenta", conhecido pela sobriedade e objetividade?

Basta ler algumas páginas de *O reino e o poder,* livro escrito em 1971 e revisado em 1981 e só agora lançado no Brasil pela Companhia das Letras (com prefácio do autor especialmente para a edição). Primeiro, o dado subjetivo: Talese é apaixonado pelo *Times,* onde trabalhou por dez anos e ao qual faz, no livro e na entrevista a seguir, uma verdadeira eulogia. O compromisso do *Times* com a informação qualificada, apurada e editada com responsabilidade e transmitida com rigor, faz dele uma instituição que, para Talese, mente menos do que qualquer outra instituição americana.

Agora, um dado mais objetivo: Talese conta a história do *Times* como um verdadeiro romance, em que há conflitos e erros e angústias mas, no final, entre frustrados e feridos, os princípios são vencedores. Quer material mais rico para um jornalista que usa a ficção para chegar a uma "arte da realidade"? Além disso, Talese, que deu entrevista por fax da China, sabe que, no *Times,* ser "imparcial e completo", ou pertencer a uma família, nunca significou escrever de forma burocrática e confundir pluralismo com marketing. Há mais criatividade num *lead* do *New York Times*, às vezes, do que em um jornal brasileiro inteiro.

O interesse central de Talese é o jogo psicológico presente no dia-a-dia de uma redação de jornal importante. A relação com Washington, que (como Brasília) tende a acentuar a fofoca política e as declarações oficiais; a pressão sobre os críticos independentes; o efeito das diferenças de opinião e ética entre os editores; os erros causados pelo estresse; a fronteira nebulosa entre interesse comercial e conteúdo comercial – tudo isso é descrito pelo autor de modo contagiante, valendo para qualquer redação.

A diferença é que o *Times* realmente preza seus princípios e não permite que aqueles que põem nas funções principais confundam notícia com idiossincrasia, solicitem matérias elogiosas sobre sua cidade ou ataquem aqueles por quem são criticados. Talese está preocupado com a inflação da mídia na atualidade, em que qualquer boato, especulação ou meia-verdade é logo alardeado como "furo" ou "exclusivo", e com o despreparo dos jornalistas que convertem publicações em *releases* e fofocas, em pílulas malfeitas e bem promovidas.

Tradicional, falível, lento, o *New York Times* continua a ser para Talese a demonstração de que jornalismo inteligente não só é possível mas também "dá retorno". Afinal, ele mesmo, Talese, se tornou famoso por um jornalismo que, embora inovador e ágil, sempre primou por não distorcer os fatos.

"Se você tiver informação qualificada, os lucros virão." Esse princípio parece o oposto do dito de P. T. Barnum de que "ninguém nunca perdeu dinheiro subestimando a inteligência do público". O sr. acha mais difícil para o *New York Times* representar esse princípio atualmente, com tantas TVs e sites?

Acredito que o *New York Times* é mais necessário agora do que nunca, porque o nível de jornalismo "inteligente" e "confiável" caiu, precisamente porque há tantos jornalistas subqualificados trabalhando com a nova tecnologia e na televisão. Quando eu era repórter do *New York Times* me instruíam a ver os fatos como são, a ser justo ao relatá-los, a nunca se comprometer em nome de conseguir as histórias antes dos concorrentes. O que aparecia no *New York Times* supunha-se confiável, preciso, nunca forçado, nunca descuidado. Hoje muito do que aparece na internet é especulativo e produzido por repórteres despreparados – e, no entanto, freqüentemente termina destacado e ganha circulação ainda maior por parte das pessoas que trabalham na TV e na imprensa escrita... Não é só porque uma coisa aparece na internet que deve ser repetida por repórteres mais responsáveis. Mesmo assim, se a história é "saborosa", se sugerir algum escândalo na vida de uma pessoa conhecida (um político, uma estrela de cinema, um atleta), será espalhada por toda parte. Portanto, o *New York Times* tem de manter o padrão mais ainda do que nos velhos tempos, em que não estávamos sozinhos na defesa de valores tradicionais no jornalismo. Havia outros jornais, bons jornais como o *New York Herald Tribune,* que estavam preocupados como nós em publicar histórias com rapidez mas também com precisão. No ano 2000, no jornalismo, em quem podemos acreditar? Quem determina os padrões de credibilidade? Acho que é o *New York Times*. Há menos mentiras no *New York Times* hoje, acredito, do que em qualquer outra instituição americana. Acredito que ninguém deve confiar em que governos digam a verdade – e isto inclui, claro, o governo dos Estados Unidos. Tudo, ou quase tudo, é aumentado, é distorcido para chamar a atenção para quem quer que esteja distribuindo a informação. O papel da imprensa, numa democracia, é atravessar a fachada dos fatos. O *New York Times* é o líder da mídia na busca pela verdade – até onde é possível definir o que é "verdade". E hoje, como eu disse, com tantos repórteres interessados em fofocas e em informações falsas e escandalosas, sem base nos fatos, o *New York Times* é o que chega mais perto da luz.

O jornal hesitou bastante antes de adotar cores. Não teria sido uma preocupação excessiva? Hoje o jornal trabalha com elas de modo agradável, sóbrio. O tradicionalismo é um fardo para o *New York Times*?

Sim, o *New York Times* demorou a adotar cores. Mas, sendo um defensor da tradição, ele é lento em adotar qualquer novidade. Há um século, foi lento em adotar fotografias. Olhe o *Times* no final do século passado e você verá páginas sem nenhuma foto ou ilustração... O que um jornal vende são notícias, informações, não necessariamente uma "bela embalagem" para os olhos, ainda que, realmente, eu ache que o jornal hoje é belamente ilustrado e diagramado.

O livro mostra conflitos que qualquer jornal conhece, as pressões, as precipitações. Ser uma grande empresa, e no entanto uma empresa familiar, torna esses conflitos maiores ou menores para o *New York Times*?

Meu livro mostra o quão "humanos" os jornalistas do *Times* podem ser. Foi o primeiro livro, creio, a reconhecer que as pessoas que escrevem e editam as notícias são importantes o bastante para se estender sobre elas – e escrevi esse extenso livro com isso em mente. Trabalhei dez anos no *Times* e durante esse período conheci o interior do jornal e muito do que se passava nas mentes e corações dos repórteres, dos editores e dos donos do jornal, a família Sulzberger. Que o *Times* seja ainda uma instituição familiar – comandado por uma família que escolhe quem edita o jornal e conduz a opinião editorial do jornal – significa que existe realmente uma tradição de "valores familiares" ali. Nada que aparece no *Times* de hoje chocaria o bisavô do atual *publisher*. Há uma responsabilidade "ancestral" no *Times*.

O sr. descreve jornalistas que tinham uma visão quase romântica de sua profissão, que a viam como uma missão para a qual é necessário ter vocação, diferentemente do que o sr. chama de "robotização" e "despersonalização" do jornalismo atual. Como conciliar o aspecto pessoal e o aspecto técnico da profissão?

Sim, descrevo com uma "visão quase romântica" a vida dos jornalistas (eu mesmo fui parte dessa visão, quando jovem); e realmente vejo o jornalismo como uma missão de jovens, que trazem uma abordagem jovial e idealista das atividades e declarações dos mais velhos que ocupam posições de poder e influência na vida pública. Jornalismo sempre reflete um conflito geracional – uma visão diferente do que é e do que deveria ser, um questionamento dos que estão de fora (os jornalistas) sobre o que ocorre por dentro (das salas em que decisões que afetam o público em geral são tomadas). Bom jornalismo, jornalismo rigoroso e honesto, é nossa principal esperança de atingir a compreensão dos fatos. Governos mentem. Não se deve acreditar em nenhum governo. O desafio dos jornalistas é cultivar fontes entre os *decision-makers* sem se deixarem levar por elas.

"Ser imparcial e completo." Até que ponto o *New York Times* tem conseguido seguir esse lema?

Meu livro está cheio de exemplos de quando o *Times* se desviou de seus princípios. Um exemplo recente: a cobertura devotada neste ano e no ano passado ao caso do cientista nuclear Wen Ho Lee em Los Alamos; o *Times* se precipitou ao sugerir que ele era um espião que roubou as "jóias da coroa" do arsenal nuclear americano. O jornal citou um ex-oficial da CIA que disse que o caso ia se tornar "tão ruim quanto o dos Rosenbergs". Bem, a fonte da CIA não era confiável, e o *Times* ajudou a arruinar a reputação (e justificar o longo período de prisão) de Lee. Há um mês, o *Times* reconheceu o erro. O que eu acho: acho que a inclinação anti-China que existe no grupo anticomunista de Washington (e que também existe na página editorial do jornal) influenciou o noticiário. Muitas das histórias sobre a China no *Times* acentuam o negativo. Estou na China neste momento e muito do que se passa aqui é positivo. O que é negativo tem uma base quase justificável, ou seja, controlar a Falun Gong. Esta "seita" poderia realmente tomar este país com sua ideologia de retidão. Acho que a canonização pelo papa de todos aqueles "santos", que, em alguns casos, cometeram atos de crueldade no passado, é um exemplo de política antichinesa. Talvez até mesmo o Prêmio Nobel dado esta semana para um romancista e dramaturgo chinês exilado seja outro exemplo de como a crítica à China de Mao abençoa aqueles que partilham a "visão ocidental" de que a China é opressiva... O que, claro, ela é. Mas muitas nações são... E mesmo nos EUA, a reação a cultos organizados (os Davidianos, por exemplo) pode levar (e levou) à crueldade. Os EUA mataram muitos inocentes em Waco, Texas.

Há uma controvérsia sobre quem criou o *new journalism*. Uns dizem que foi o sr., outros dizem que foi Tom Wolfe, e há quem lembre que Lilian Ross começou tudo isso na *New Yorker*. Quem é o inventor?

Tom Wolfe diz que eu inventei o *new journalism*. Mas, embora eu aprecie o respeito de Wolfe por mim, não tenho a menor idéia de como esse método começou. O que fiz foi uma tentativa de instilar na escrita factual o estilo e os recursos da ficção. Procurei a "arte da realidade" ao escrever sobre pessoas como se elas fossem parte de um conto ou de um romance; e no entanto eu queria que essa escrita fosse "precisa", verificável, que não distorcesse os fatos em nome da apresentação dramática. Se vejo um nome inventado numa narrativa de não-ficção, paro de ler. Preferiria ler ficção.

Tom Wolfe partiu para a ficção. Por que o sr. não escreve ficção?

Uma vez escrevi um conto (*Getting Even*, publicado em 1965) e, quando recebi o cheque do editor, e uma carta me encorajando a escrever mais ficção, nunca mais me senti compelido a tentar de novo. Eu acreditava que, em meu trabalho de não-ficção, estava explorando a personalidade interior daqueles sobre quem escolhia escrever. Não posso dar detalhes sobre o que estou fazendo aqui na China, mas estou aqui há um ano acompanhando a vida de uma garota comum em Pequim. Espero que ela seja uma personagem interessante de meu próximo livro, uma personagem que dirá muito sobre a vida na China hoje, mesmo que ela não seja "importante". Ela não é uma pessoa pública. Ela é uma pessoa privada, e estou relatando sua privacidade e, nesse sentido, escrevendo sobre as pessoas da maneira como um ficcionista faz. Afinal, muito do jornalismo é sobre pessoas públicas, pessoas importantes, e minha ambição é escrever sobre a vida privada na realidade.

Quem são seus autores favoritos?

A maioria dos meus escritores favoritos – aqueles que me influenciaram – são escritores de ficção. Na minha juventude, os contos de Scott Fitzgerald, Maupassant, os escritores da época que cresci lendo (Graham Greene, John O'Hara, Irwin Shaw), são essas pessoas que tento emular. Mas eu queria fazer isso em não-ficção, não em ficção. Esse foi meu desafio... Fazer algo "diferente" com a forma da não-ficção, encontrar na não-ficção uma nova liberdade de expressão e forma.

(OESP, 22.10.2000)

Gay Talese (1932) é jornalista e autor de livros como *Fama & Anonimato*.

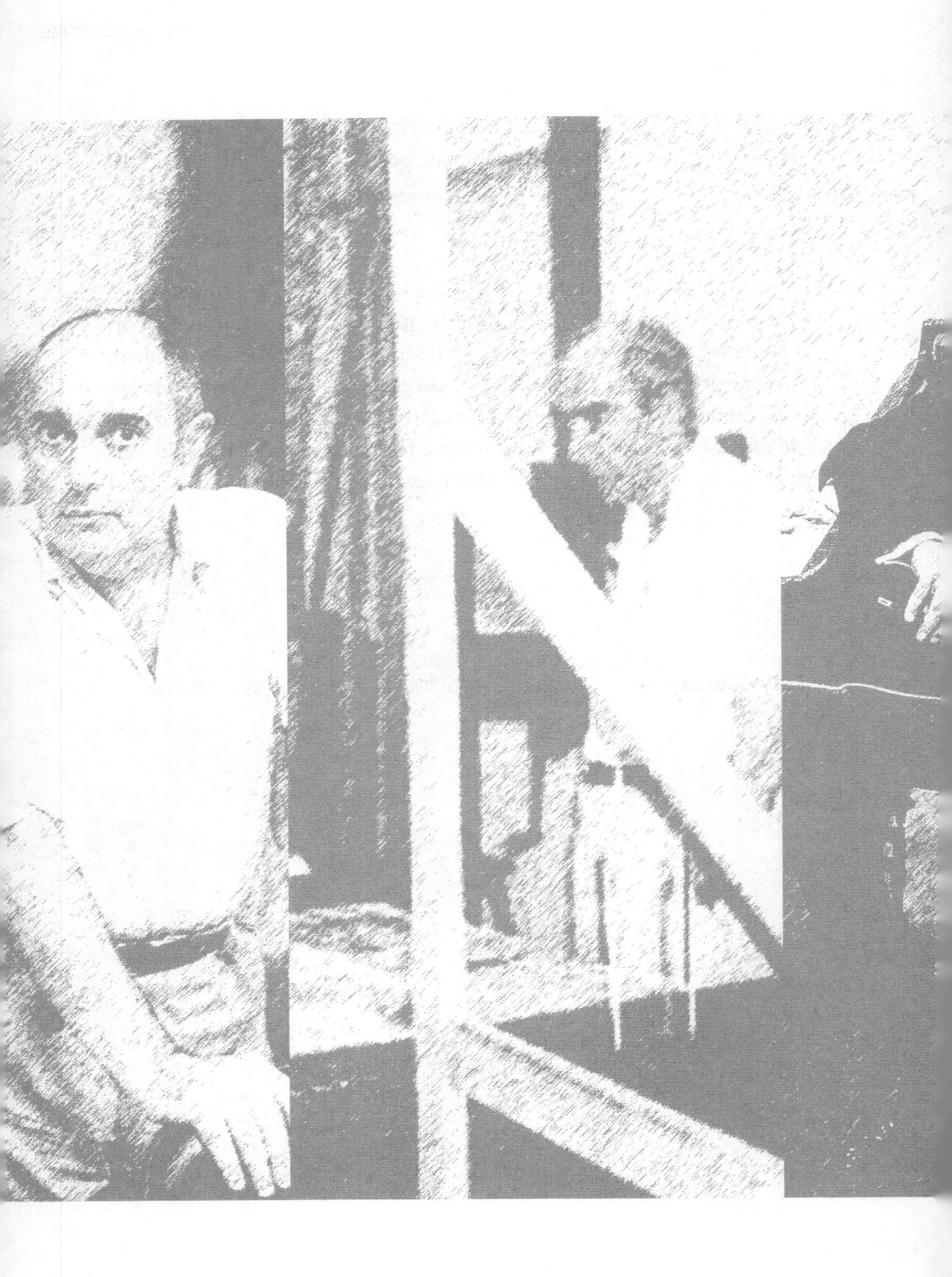

Artistas

Iberê
Camargo

Iberê Camargo é como sua pintura: cético, mas irresistível. Não tem papas na língua nem no pincel; vai direto ao ponto quando fala e quando pinta. E é por isso que está cada vez melhor, como se vê na exposição tira-fôlego que a Galeria Camargo Vilaça abre amanhã, com sete pinturas e oito guaches de produção recente (1991-93).

Aos 77 anos, Iberê vem mais e mais sendo considerado "o maior pintor brasileiro vivo". Isso não o incomoda – e também, com certeza, não o faz contente. Afinal, ele é o pintor que um dia declarou que usava cores sombrias porque, no Terceiro Mundo, outras não poderiam ser. Sua consciência extremamente aguda da realidade é a matéria-prima de sua arte; e se ela prescinde de alguma coisa, é de kitsch, dessa arte-pelo-impacto que tomou conta das galerias com seu espalhafato e leviandade.

Iberê não gosta de falar de pintura. "Eu já pinto; por que vou falar de pintura?" Mas tem muito o que dizer. A entrevista a seguir foi concedida por telefone, de sua casa em Porto Alegre (RS).

Por que o sr. não gosta de falar sobre pintura?

Depois que chega a uma certa altura da vida, o pintor já disse tudo o que tinha para dizer. Meu problema agora é meu, minha resposta é só minha. Sou pintor, não tenho que falar de pintura; para isso existem os críticos.

O sr. sente falta de contemporâneos?

Não, não sinto falta de nada – a não ser de materiais, tintas, pincéis etc. Aqui é difícil conseguir essas coisas, tudo é muito caro. O governo só quer viver de impostos. Tem tanto imposto que daqui a pouco o Itamar vai criar o "imposto sobre o traque", você não acha? O governo faz tudo que quer por causa da total falta de caráter cultural nosso.

O sr. já publicou um livro de contos. A literatura teve alguma influência em sua pintura?

Não, não tem nada a ver. Claro, gosto de ler, muitas coisas me marcaram etc., mas quando pinto sou pintor. O que conta é a intensidade de vida, e a literatura representa muito isso na minha vida.

Em alguma época de sua vida o sr. sentiu vergonha de fazer pintura "figurativa"?

Não, de jeito nenhum. Acho que só a imagem toca o olho do sujeito – não o quadrado, não o círculo. A gente caminha na vida entre pedradas e aplausos. Não é assim a vida? Não faço questão de ficar na história; faço questão de descobrir minha verdade.

Mas o sr. é um artista conceituado hoje, que vai ficar na história. Isso não significa nada?

O Brasil não anima ninguém. Enquanto conversamos, o rio Guaíba aqui fora está virando um córrego miserável, sujo, e ninguem faz nada. Eu estou na luta, é só.

O que significaria uma retrospectiva para o sr.?

Seria bom... Há uma idéia assim no Rio. Mas neste país tudo é difícil. Espero que saia a restrospectiva, mas é muito cara.

No ano passado o sr. desenhou uma série para uma campanha em ajuda a portadores do vírus HIV. Nesta exposição de agora há mais trabalhos dessa série. Quais foram os resultados de sua colaboração?

Nenhum. Para você ver. Dos sete desenhos que doei para a campanha, apenas um, um único, foi vendido. A Shell comprou, e a muito custo. Essa elite brasileira é de uma mesquinharia sem igual. É como eu digo, este país é um gigante com cabeça de galinha. Nunca vi tanta falta de grandeza. Ninguém dá valor à cultura. Eu estou aqui lutando contra o IPTU do meu ateliê. Tenho de pagar uma fortuna por ter um ateliê. Times de futebol, escolas etc. são isentos de IPTU. Não está na mentalidade deste país ajudar a cultura.

Que conselho ou advertência o sr. daria ao pintor iniciante?

Que não tenha pressa. Como diz um amigo meu, estamos numa "piracema", nadamos contra a corrente. Mas, pense bem, quem nada a favor da corrente é peixe morto. É preciso vencer o Brasil, vencer a mediocridade, para poder atingir alguma coisa. Aqui o Estado promove uma exposição, mas não compra nada. É como dar um teatro para uma bailarina dançar de graça. As pessoas não percebem isso. A pintura não faz parte da cultura brasileira. Alguém tinha de comprar os desenhos da campanha e doar para algum museu; é o que aconteceria num país civilizado.

O sr. diria que a intensidade dramática de sua pintura reflete o homem moderno?

Sim, claro. É uma pintura do homem moderno: um homem acuado, solitário, fechado. No Brasil, então... É preciso tomar cuidado senão eles roubam tua própria sombra. De uma vez por todas, é preciso aprender: arte se ajuda comprando, como diria o Marques Rebelo, que aliás está muito esquecido.

Em que o sr. pretende votar no plebiscito sobre parlamentarismo ou presidencialismo?

Em nada. Só votaria se no plebiscito tivesse a opção de voltar a ser colônia de Portugal; aí a gente estaria mais perto do Primeiro Mundo. Isso tudo não passa de jogo de interesses.

(FSP, 5.4.1993)

Iberê Camargo (1916-1995), nascido em Porto Alegre, foi um dos maiores pintores da história do Brasil. Uma fundação com seu nome está sendo erguida na cidade, com projeto do arquiteto Álvaro Siza.

Hector Babenco

Hector Babenco nas celas do horror

Hector Babenco está mancando levemente e com a aparência um tanto frágil. Há alguns dias tirou o gesso que o deixou quatro meses numa cadeira de rodas depois de uma lesão da rótula numa praia. Os cabelos brancos começam a ocupar as laterais de sua cabeça, e na barba por fazer os pêlos brancos já desfrutam superioridade numérica. Seus olhos expressam certa melancolia e desconfiança, mesmo que as primeiras palavras sejam de saudação calorosa. Aos 57 anos, Babenco traz no físico a história de quase duas décadas de resistência a um câncer linfático, além de uma vivência repleta de outras lutas pelo corpo e pela mente. Quando engata a falar, porém, o rosto perde a palidez, os gestos se expandem e, em alguns momentos, seus olhos se dilatam pela ação do calor. E se vê o homem encaixar na lenda: Babenco, o cineasta, homem de personalidade forte, capaz de converter, num piscar de olhos do interlocutor, a voz terna num discurso pesado que já deixou prostrado muito ator de porte.

Babenco, que amigos definem como "agridoce", sorri timidamente quando escuta que mesmo os mais melindrados por suas eventuais explosões de insatisfação não lhe recusam atributos como a ousadia, o humor e a generosidade. "Eles dizem isso, é? Pode ser." Uma pequena pausa, e ele recupera a firmeza de tom: "Sou mesmo quente na ação, porque sou apaixonado pelo que faço. E meus amigos são amigos para a vida inteira". Nessa profissão de abnegados que é ser cineasta de qualidade no Brasil, Babenco é o mais talentoso e o mais persistente deles. Simpatizantes ou antipatizantes têm igual admiração por seu profissionalismo, pela dedicação que devota a cada filme, pela capacidade de concretizar projetos que, nos primeiros esboços, parecem impossíveis aos outros.

Carandiru, o filme que estréia no Brasil todo no próximo dia 11, é um deles. Adaptar o livro de Drauzio Varella, *Estação Carandiru*, era um pavilhão de desafios. O primeiro era convergir para pouco mais de duas horas de filme uma história que abre as portas para diversas histórias, sem perder a narrativa nos corredores. O segundo era recriar e instalar o set na Casa de Detenção antes de seu fim, a implosão de dezembro do ano passado também registrada na fita pelo diretor. O terceiro, habitual na Belíndia, era conseguir o dinheiro e as condições para fazê-lo à altura de um *best-seller* que, com mais de três anos na lista dos mais vendidos, superou um milhão de exemplares vendidos; e enfrentar recusas baseadas na alegação de que "o projeto não faz bem à imagem do Brasil", na frase do então ministro Pimenta da Veiga.

Para Babenco, havia ainda um desafio que não tinha tanto a ver com as câmeras e os patrocínios. Era o de devolver ao dr. Drauzio, de certa forma, um relacionamento que começou entre médico e paciente em 1984 e logo se tornou entre dois amigos e criadores. Babenco acompanhou o nascimento de *Estação Carandiru* desde o início, sem saber que um dia filmaria aquele livro - na verdade, sem saber se um dia ainda filmaria aquele livro ou qualquer outro. "Drauzio cuidava da minha vida", diz Babenco, sem efeito de retórica nenhum. "Ele era o fiel depositário da minha angústia." Durante anos, "mais de cinqüenta vezes" Drauzio se desdobrou em oncologista e amigo para sustentar a passagem de Babenco por uma crise; como um porto, representava segurança para chegar e sair. E foram os casos que vivenciava como médico do Carandiru, a partir de 1989, que nutriram, antes que o cineasta, o paciente Babenco.

"Eu me realizava através do labor dele", diz Babenco, que mistura termos de pelo menos três idiomas – Português, Inglês e Espanhol – em sua fala.

Ele ouvia cada vez mais histórias à medida que Drauzio ia ficando obcecado com o universo de biografias e códigos do Carandiru, onde fazia trabalho voluntário contra a aids. "Por que você não grava essas histórias? Por que não escreve?", incitava o cineasta, até que um dia Drauzio cedeu; dali em diante, os fax (naqueles tempos em que o *e-mail* não era usual como hoje) começaram a deslizar pelos aparelhos de um para o outro. O mergulho de Drauzio nas vidas daqueles doentes – e daquela grande doença social – dava vida a este doente e amigo, igualmente interessado pela contundência e humanidade de tais histórias. Enquanto Drauzio escrevia o livro, Babenco convalescia do transplante de medula óssea feito em Seattle (EUA) em 1996.

"O Hector é um supersobrevivente", diz seu amigo Isay Weinfeld, arquiteto e também cineasta. "Ele já enfrentou tantas coisas que acredito que hoje o menos penoso seja fazer um filme." Não que não tenha ansiedade, e muita, de ver a reação que Carandiru terá. Mesmo sendo Babenco tão sensível, Weinfeld tem certeza de que ele sempre renascerá. "Ele é uma fera, uma fênix." O dr. Drauzio, que até hoje trata de Babenco, também não duvida: "Foi a obstinação de Hector que salvou sua vida." O médico aponta também a racionalidade do seu paciente, sua capacidade de tomar decisões mesmo nos momentos mais difíceis.

Foi também obstinação que Babenco mostrou quando leu, em primeira mão, o livro de Drauzio, concluído em 1999, e lhe disse que iria filmá-lo. "Você está louco", pensou o médico. Com a alta de Babenco, depois de passados cinco anos do transplante, a loucura começou a se tornar realidade. O que atraiu Babenco a filmar o livro não foram apenas as histórias fortes e surpreendentes colhidas pelo médico enquanto colhia sangue dos presidiários; foi especialmente o modo de Drauzio encará-las, de registrá-las sem glorificar ou condenar os personagens de resto já condenados, de se colocar como observador envolvido e não como juiz das situações.

"Não há sentimentalismo", diz Babenco, e o ponto em torno do qual tudo gira é a frase de um preso: "A gente não conhece a morada da verdade". Mesmo co-fascinado por aquele mundo particular, Babenco fez de Drauzio um personagem quase coadjuvante do filme, como um coro de peça grega, por quem os dramas vão sendo encadeados. Drauzio não se viu no personagem, pelas diferenças físicas e temperamentais. "Ele não tem conflitos. Eu não gosto de bandidos e às vezes ficava indignado com eles."

Mas o próprio Drauzio indica o motivo dessas diferenças: "Num livro, é mais fácil o narrador tentar ser eqüidistante. Se o médico no filme vivesse conflitos, se tornaria protagonista e as histórias perderiam sua força". Diz que Babenco captou "magnificamente" o ambiente do presídio e fez muito bem em sugerir a violência em vez de chapá-la na tela.

A tragédia que se abaterá sobre os presos é por eles ignorada, imprevista, ainda que todos os elementos estejam postos ali, diante da cegueira da sociedade. Não há prenúncios. "O assunto do filme é aquele prédio com 1.800 presos", diz Babenco. "O assunto não é o massacre no qual dizem que 111 morreram, embora devam ter sido mais." O filme mostra as raivas reprimidas, algumas sublimadas em forma de humor ou escape, a maioria prestes a perder o controle à menor faísca. No final, o massacre, dos 35 minutos que levou na vida real para os nove minutos que dura no filme, paralisa o espectador na cadeira. Babenco cita o comentário de Stanley Kubrick sobre *A lista de Schindler*, de Steven Spielberg: "O filme não é sobre o Holocausto, é sobre quatrocentas pessoas que se salvaram". *Carandiru* é sobre alguns sobreviventes do massacre de 2.10.1992, diz Babenco. "É como diz o Drauzio: eu apenas ouvi os presos."

Objeções virão de que os presidiários não são inocentes como os judeus executados pelo nazismo. Mas Babenco lembra que o filme não os idealiza; apenas mostra que a escala da brutalidade policial foi absurda, como uma simples comparação dos armamentos mostra. "Há todo tipo de pessoas entre os bandidos, como na sociedade, inclusive os mais cruéis. Não é nem o 'Seja marginal, seja herói' do Hélio Oiticica, nem o 'Bandido bom é bandido morto' da direita." Objeções também virão de que a síntese do massacre não é integralmente verossímil, porque, entre outros detalhes, os presos na realidade não fizeram aquela entrega de armas pelas janelas. "Não estou manipulando fatos por ideologia", afirma Babenco, com alguma irritação. "Não quero solucionar nada. *Pixote* não mudou a Febem, mudou?"

Hector Babenco lembra várias passagens que acrescentou para efeitos estéticos, pois *Carandiru* não é um filme documental. Num momento, os policiais parecem fazer uma coreografia, como num balé sinistro. O cachorro que passeia entre os corpos é outra licença artística, o que nada tem a ver com estetização da violência. Babenco, claro, fez uma interpretação da história, dentro dos limites de um realismo crítico. Selecionou personagens do livro, cujas histórias díspares o fazem sair do presídio, sem no entanto "desenclausurar" o espectador; deu peso a cenas como o "show educativo" de Rita Cadillac no meio do pátio e o Hino Nacional antes do jogo de futebol (o preso, como o brasileiro em geral, só assim se unindo em paz); criou momentos visualmente marcantes como a do balão subindo e a cena de abertura, sempre em parceria com o diretor de fotografia Walter Carvalho.

A abertura, por sinal, só foi surgir na sétima versão do roteiro, quando Drauzio Varella contou uma história que acabara de viver no "amarelão", o trecho do presídio onde ficam isolados os presos dos presos, em que a chegada do doutor foi usada como pretexto pelo monitor para debelar um conflito. Com Fernando Bonassi e Victor Navas, Babenco trabalhou intensamente no roteiro: fizeram nove versões até a final, ao longo de quase três anos. E o roteiro não detalha muito, não traz "*storyboard*", porque Babenco gosta de definir melhor momento a momento. Foram mais de três meses de filmagem, a maior parte feita em estúdio (apenas as externas foram filmadas no presídio). Foi no meio de uma troca de carretéis que ele se tocou de que, mais de vinte anos depois de *Pixote* (1980), *Carandiru* é sobre os mesmos meninos de rua, agora adultos, com a mesma falta de opção.

Babenco se diz muito mais exigente e experiente agora, mas, se fosse fazer *Pixote* pela primeira vez, não faria diferente. O lirismo daquele filme, considerado um dos três melhores dos anos 80 por críticos americanos (em enquete da revista *Première*, ao lado de *Ran*, de Akira Kurosawa, e *Fanny e Alexander*, de Ingmar Bergman), vinha do fato de que seus personagens eram "seres humanos em formação, num processo de descoberta, buscando entender seu espaço de sobrevivência". Já *Carandiru* é sobre homens mais maduros, que sabem onde estão, e logo o filme parece a Babenco mais reflexivo, menos intuitivo. Ele se sente mais capaz de "organizar o discurso narrativo", colocando até mesmo humor ("Não há inteligência sem senso de humor", diz, citando o roteirista Jean Claude Carrière), apesar de sua origem "ser o melodrama". Prova dessa capacidade é o fato de que Babenco, inspirado pelo exemplo do próprio Drauzio ("Já terminado o livro, ele ainda conseguiu eliminar 19 adjetivos"), cortou muitos minutos do filme até declará-lo pronto - o que deu uma agilidade que nem sempre Babenco atingiu em sua carreira.

Carandiru também traz outra marca de Babenco, que talvez seja a que mais o distingue de outros cineastas brasileiros: a direção de atores. O elenco, grande, está excelente, com diversos atores jovens e muito talentosos, que ele diz preferir porque livres de vícios. Alguns já têm aparecido em filmes nacionais, como Wagner Moura (*Deus é brasileiro*), Lázaro Ramos (*Madame Satã*) e Gero Camilo (*Bicho de sete cabeças*), além de Rodrigo Santoro, o rapper já morto Sabotage, Milton Gonçalves, Caio Blat, Maria Luisa Mendonça e outros; também revela nomes como Milhem Cortaz (o Peixeira) e Ailton Graça (o Majestade). Apesar de seu temperamento "quente", Babenco não é o tipo de diretor que precisa gritar para se impor no *set*. Mas comanda a equipe e sabe enquadrar um ator, nos dois sentidos do verbo. Para um filme com dezoito protagonistas, então, nada mais fundamental.

O cosmopolitismo de Babenco não está apenas na fala e nos filmes, mas já no início de sua biografia. Seus pais eram judeus: a mãe nasceu em Varsóvia; e o pai, de ascendência ucraniana, era um "gaúcho" (camponês) argentino. Babenco lembra que, quando tinha quatro anos, chegou com a família em casa, num bairro germânico de Buenos Aires, e viu uma frase escrita num espelho: "Judeus de merda, vão embora, não queremos vocês aqui". O cineasta sabe bem, portanto, a condição de perseguido, de "alheio", de zombado - o que seguramente se reflete em seu cinema que olha os desajustados e os marginalizados.

Nos anos 60, viveu na Itália e ali descobriu o cinema, trabalhando como figurante e assistente de produção em filmes de Dino Risi. Em 1969, sem poder voltar à Argentina, porque não prestara serviço militar, veio para o Brasil, onde até foi vendedor de túmulos para sobreviver. E o cinema reapareceu em sua vida. Começou com alguns, documentários com temas como futebol e carnaval, e foi *ghost-director* de Roberto Farias em um filme sobre Emerson Fittipaldi. Depois do semi-autobiográfico *O rei da noite* (1975), fez o melhor (e quase único) filme sobre a tortura do regime militar, *Lúcio Flávio* (1977). Com *Pixote*, foi descoberto pelo mundo, que o passou a tratar como mestre.

Seguiram-se três filmes com produção americana: o ótimo *O beijo da mulher aranha* (1984), que deu Oscar para William Hurt e projeção para Sonia Braga; o controverso *Ironweed* (1987), com Jack Nicholson e Meryl Streep; e o belo e incompreendido *Brincando nos campos do Senhor* (1991), filmado na Amazônia, um tipo de empreitada que nem os amigos acreditaram que Babenco pudesse realizar. Não cometa o equívoco de dizer que Babenco trabalhou "com Hollywood": ele faz questão de lembrar que foram produções independentes e para projetos com sua cara. Ao latino fez bem a ida para os EUA, onde começou a aprender o *less is more*, a recusa da retórica em respeito ao espectador, e os segredos do roteiro, como a hierarquia entre os personagens e o foco da narração.

O grande mérito de Babenco é esse: fazer um cinema que ao mesmo tempo atrai o espectador e é autoral – realista e pessoal – como, para citar um nome que lhe é caro, o de um Louis Malle. O "modelo narrativo" que adota é o seu, não o americano, e no entanto com lições aprendidas de lá. E a identidade do autor não é apenas pelos temas ou gêneros, mas por esse modo de contar histórias, fluente mas não acelerado, empático mas não apelativo. Sobre *Carandiru*, por exemplo, diz: "Não é um filme sobre briga de gangues, à maneira americana. É a bagunça brasileira mesmo".

"Babenco é ao mesmo tempo um clássico e um radical", diz outro de seus amigos, o cineasta e articulista Arnaldo Jabor. "O que mais admiro nele é sua coragem como artista e homem, que fez pelo menos três filmes de primeira, *Pixote*, *O beijo* e *Brincando*, com uma linguagem independente. *Carandiru* é o coroamento de tudo isso." E Babenco sempre recusou alegorias moralistas, o estilo Cinema Novo a que nunca aderiu. Diz que fazer cinema é "muito solitário", apesar de trabalho coletivo: "Você fica ali com o bichinho... até decidir mostrar para os outros". Embora seja do tipo de criador que hesita bastante antes de repreender o filhote, amigos e colegas vêem e palpitam e ele ouve tudo.

Apesar do passaporte com tantos carimbos, Babenco, que se naturalizou em 1975, se considera brasileiro e, mais ainda, paulistano. "Ancorei em São Paulo." Pai de duas filhas de dois casamentos, Mira (com a marchande Raquel Arnaud) e Janka (com Fiorella, do restaurante), e separado da terceira mulher, a atriz Xuxa Lopes (cujo filho, Bento, ajudou a criar por 13 anos), Babenco acaba de construir uma casa na Vila Nova Conceição, bairro chique da cidade, com projeto de Weinfeld. O passado argentino, em especial a relação com o pai, se esgotou na catarse de *Coração iluminado* (1998), o filme que fez seguindo o mote de que precisava se lembrar de tudo para poder esquecer. "O ponto é ser internacional falando do seu quintal", diz Babenco - e seu quintal se chama Brasil. "Sou um cidadão do mundo e brasileiro", diz, comparando-se com o pianista Nelson Freire, que pode fazer concerto em qualquer lugar do mundo sem deixar de se sentir brasileiro.

A Babenco interessa o "caldo de cultura nacional", a mistura de simplicidade e complexidade, a diversidade que contém de Parintins a Curitiba; e ele vê grandeza num país que passa de um presidente catedrático para outro metalúrgico. Acha ainda que, como Espanha ou Portugal, o Brasil pode se reorganizar em duas décadas e tornar-se um país mais desenvolvido e justo. Mas não confunda com um otimista esse cidadão que, depois de um ano e meio no Partido Comunista italiano (1964-65), logo se desiludiu com a causa e que teve *Pixote* recusado no Festival de Havana porque não seria um filme político. "Há muitos vícios de formação no Brasil; o favor e a corrupção andam juntos há muito tempo." Se continuar assim, sem uma transformação da classe política, o Brasil vai demorar a se civilizar, diz, porque a ética é escassa e a violência já fez o país ficar "pior que a Colômbia".

Não quer falar muito sobre as dificuldades de fazer filmes no Brasil, critica a "classe" que só quer saber de seus próprios projetos individuais, mostra desilusão com uma cultura que teima em não ver o cinema como segmento de produção, coisa industrial, com exigências de infra-estrutura, com carência de técnicos especializados. No escritório de sua produtora, a HB Filmes, localizada na Cidade Jardim, rua Emanuel Kant ("Li alguma coisa quando jovem, aquela crença no idealismo. Quem não cai nisso aos dezessete anos?"). Entre peças e quadros de Mira Schendel, Nuno Ramos e Iole de Freitas, ele aponta para uma foto de Walter Carvalho no caminho para a escada. É uma imagem de 1982, em Cumaru, na Amazônia: um cinema a céu aberto em que os assentos são troncos de árvores. No mundo de Babenco, ao menos a imaginação tem morada.

(OESP, 23.3.2003)

Hector Babenco (1946) conseguiu quatro milhões de espectadores para *Carandiru*.

Isay Weinfeld

"Arquitetonicamente falando, São Paulo é uma cidade mal vestida." Quem diz isso entende de moda e mais ainda de arquitetura: é o arquiteto e designer Isay Weinfeld, de 48 anos, que fez o projeto das duas últimas edições do São Paulo Fashion Week e o da loja da Forum na rua Oscar Freire, já famosa por sua escadaria vermelha. "A falta de personalidade da cidade se tornou sua verdadeira personalidade. Mas precisava ser tão feia assim?" Weinfeld é o arquiteto da moda e na moda em São Paulo, neste momento, mas seu trabalho tem a integridade de quem não está sujeito a modas e modismos.

Entre outros projetos que realiza, agora estão a reforma interna do Palácio das Indústrias, sede da Prefeitura, a construção do Hotel Fasano, empreendimento da família ao lado do restaurante, e a Galeria Luisa Strina, que adquiriu o imóvel vizinho, na rua Padre João Manuel. A mídia, em conseqüência, parece ter "descoberto" o arquiteto com 28 anos de carreira e um senso crítico a respeito da arquitetura e do urbanismo nacionais raro entre seus pares.

Como Weinfeld se sente diante de tal projeção? Apesar de notar que fez "certamente umas quinze obras mais importantes" do que as que estão lhe dando fama, está tranqüilo. "Trabalho da mesma forma desde o terceiro ano de faculdade", diz o graduado do Mackenzie. "Sei a consistência do meu trabalho, que tem idéias e por isso angariou respeito. Quem vem ao meu escritório só por causa da mídia quase sempre não é para mim. Sei o que quero fazer." Ele diz estar se sentindo um "observador" de todo esse sucesso.

Em seu escritório na Cidade Jardim, numa travessa da avenida 9 de Julho, Weinfeld trabalha com mais nove arquitetos em cerca de vinte projetos. Um profissional com seu renome poderia ter cinco ou seis vezes mais arquitetos e projetos. Mas Weinfeld não aceita fazer qualquer projeto, por mais dinheiro que signifique. Também não é desses arquitetos que, procurados por clientes famosos, saem telefonando para os jornais para plantar notinhas e com isso atrair mais clientes. E, na hora de falar a esses mesmos jornais sobre temas importantes, quase nada têm a dizer.

Weinfeld tem relação intensa com São Paulo, onde nasceu em outubro de 1952 e desenvolveu uma carreira que passa por artes plásticas, teatro, música e cinema, além de arquitetura, design e decoração. Fez documentários e um longa-metragem, *Fogo e paixão* (1988), com Fernanda Montenegro. Fez o cenário da peça *Tamara*, aquela que se passava dentro de um casarão. Fez a direção musical de um show de Ná Ozetti. Fez, fez, fez. "A arquitetura não é minha religião", diz. "Tenho enorme curiosidade por tudo." Mas arquitetura é o que ele mais faz porque ela passa por todos esses temas.

Para Weinfeld, "ela é uma mistura de tudo e cada vez será mais". Suas paixões convergem para a arquitetura. O jazz, por exemplo, está no Baretto, o bar da família Fasano, com reputação internacional. Weinfeld descreve o prazer de ter visto ao vivo cantoras como Blossom Dearie como poderia descrever o de ter visto um móvel de Mies van der Rohe. Não que goste apenas de jazz. Foi escutando uma canção do grupo pop Radiohead que encontrou a tradução para o *layout* que queria dar à danceteria Disco, outro de seus trabalhos recentes. A música clássica não fica atrás, e Weinfeld não disfarça a alegria que lhe daria a idéia de projetar uma sala de concertos.

O estilo dos trabalhos de Weinfeld poderia lembrar outra de suas admirações musicais, João Gilberto: formas limpas, projetadas no espaço, e sutis modulações de tempo, como o corredor que só revela o ambiente que vem depois quando a pessoa chega ao seu final. Esse jogo de nitidez e surpresas é feito com poucos recursos, mas não adianta chamá-lo de "minimalista" – nada de repetições obsessivas, amesquinhamento espiritual, e sim o contrário. Paredes de pedras e deslocamentos de cubos se abrem à luz, como se vê em projetos recentes como a Casa Inglaterra – vencedora do Prêmio Rino Levi – e a Casa Suíça, na capital, e na casa de Tijucopava, no Guarujá.

Weinfeld diz que não está tão interessado em "imprimir uma marca", embora saiba que ela se imprime. Lamenta a falta de crítica de arquitetura no Brasil, com poucas revistas e páginas nos jornais sobre o assunto. Não gosta de fazer a mesma combinação de materiais nem realizar dois trabalhos na mesma área em seguida (a loja da Forum motivou convites para projetos semelhantes, e ele, exatamente por isso, recusou). "Cada trabalho meu é diferente do outro porque os clientes são diferentes." Mas espera que os que escrevem sobre arquitetura identifiquem seu estilo sob a diversidade de clientes e gostos.

Outra de suas características é a elaboração completa do ambiente: ele desenha desde a fachada até o cinzeiro, criando relação entre todos os elementos. Tal rigor o tira do sério quando vê um prédio seu, ao lado do Alumni, na alameda Ministro Rocha Azevedo, ser comprado pelo bispo Edir Macedo e adulterado por um gradil inexistente no projeto. Weinfeld se ofereceu para desenhar um de graça, mas nunca recebeu resposta. Recentemente se chocou quando foi a um antiquário procurar peças e encontrou três assistentes de outro arquiteto, fazendo o mesmo pelo colega. "Não mandaria um assistente. Mesmo porque quem me procura quer minha visão", diz. "Meu patrimônio é meu olhar."

Para Weinfeld, esse patrimônio é tanto mais pobre quanto mais especializado o olhar. "Isso é muito comum aqui. Quem trabalha com moda só entende de moda. Quem trabalha com teatro só fala de teatro. Arquiteto conhece apenas arquitetura", afirma. "Mas o especialista, o profissional que só faz um tipo de coisa, não é criativo." A técnica é fácil, pode ser aprendida, mas o olhar, não. E especialmente a arquitetura se beneficia da não-repetição.

"Aqui o sujeito que quer construir um salão de cabelereiro, digamos, chega e pergunta: você já fez salão de cabelereiro? Aí já sei que não é meu cliente. No Brasil, só chamam o especialista em museu para fazer museu, o especialista em loja para fazer loja", continua. "Gerações foram caladas pelo fato de que toda obra pública importante é entregue a um arquiteto só: Oscar Niemeyer."

A variedade do trabalho de Weinfeld não pode ser confundida com a de São Paulo: sobra personalidade ao arquiteto. Ele diz o que pensa, e o que pensa sobre São Paulo é tudo menos complacente – como deverá mostrar no livro que escreve sobre o assunto, ainda sem título. Com o recorrente parceiro Marcio Kogan, organizou três edições da exposição *Humor e arquitetura*, em que ironizaram "soluções" urbanas brasileiras, sugerindo-as para marcos mundiais, como um cebolão de viadutos por dentro do Arco do Triunfo. Em texto para o *Jornal da Tarde* em janeiro deste ano, criticaram as construções paulistanas que são réplicas de vilas italianas, ruelas francesas e prédios mediterrâneos, numa misturança de estilos que nada tem de eclética. E com aqueles nomes: um edifício em estilo mediterrâneo, por exemplo, chamado Hyde Park.

Weinfeld, naturalmente, admira a "energia" paulistana dos últimos vinte anos, o "dinheiro novo" que circula, a "impressionante" atividade da cidade. Hotéis, *flats*, lojas, bancos, aparatos de mídia – a cidade vai crescendo e se sofisticando. "Poucas cidades no mundo têm a oferta cultural de São Paulo. De um *show punk* no Bom Retiro ao Baretto, pode-se ver de tudo." Há também um interesse cada vez maior por coisas bonitas, luxuosas; assuntos que Weinfeld cultiva, como *design,* moda e culinária, atraem pessoas que lêem revistas, como a inglesa *Wallpaper,* que já dedicou páginas elogiosas ao brasileiro. "Isso só pode ser positivo. As informações vão se afunilando, as pessoas vão aprendendo."

O que incomoda Weinfeld é que isso ainda é muito restrito. No mundo todo, há maior curiosidade por esses temas desde que nomes como Philippe Starck, no *design*, e Frank Gehry, na arquitetura, conseguiram comunicação com um público mais amplo. Mas há uma pasteurização que se sobrepõe: "De Paris a Miami, tudo ficou muito parecido. São sempre aquelas pessoas vestidas de preto, com a golinha fechada. Quando vou a Londres, não quero ficar num hotel de design, mas num hotel típico, com o jeito londrino".

Em São Paulo a coisa é mais grave. Ruas como a alameda Gabriel Monteiro da Silva são como um *shopping* a céu aberto: uma sucessão de lojas de decoração – não há livraria, café, loja de disco, atividades diferentes no mesmo espaço. "Você não vive a cidade, só a atravessa de carro." Weinfeld diz que o que mais gosta de fazer na vida é andar a pé, mas em São Paulo não há esse estímulo, por causa da violência, da feiúra, do caos. "Outro dia contamos mais de setenta tipos de vaso no trecho da rua da Consolação que vai da alameda Santos à rua Estados Unidos." Cada calçada é de um jeito – um mais feio que o outro. "Em conseqüência, as pessoas só se encontram em espaços fechados", observa. "Daí o interesse por design, moda, gastronomia. É uma forma de se refugiar da violência."

O paulistano, diz Weinfeld, despreza a cidade, como o dono da Mercedes joga lata de Coca-Cola na rua. Fã da Inglaterra, nota que nos concertos de São Paulo não se vê a variedade de classes sociais que se vê numa sala londrina. "Quase só se vê o 'novo culto', o fulano que está ali porque pega bem estar ali." O paulistano está tão anestesiado pelo horror da cidade, segundo Weinfeld, que para ele já não faz mais diferença se o rio Pinheiros é daquele jeito, se não existem praças e parques, se os prédios que se constroem na região da avenida Engenheiro Luís Carlos Berrini e da Vila Olímpia – onde o "dinheiro novo" se instala – nada têm de marcantes.

"São Paulo é mal desenhada, malconservada, mal pensada", diz. "Não existe metrô, o meio de transporte mais eficaz que existe. Numa cidade deste tamanho, é difícil adquirir terrenos. E a tendência é piorar, porque a cidade já está feita, já é isso aí." Poder público, empresários e arquitetos deveriam mudar a mentalidade, mas só se atenuaria isto ou aquilo.

Muita desesperança, vinda de um arquiteto cujo sucesso, afinal, não deixa de ser prova de mais consciência? Weinfeld gosta de São Paulo; se mais não fosse, porque é um desafio para criadores como ele, embora ainda seja pouco refletida em filmes, romances e estudos. "Eu achava tudo um horror. Continuo achando", diz. "Mas isso está fazendo a cidade ser única. Unicamente feia, mas única."

(OESP, 9.7.2001)

Isay Weinfeld (1952) fez mais recentemente a arquitetura do Hotel Fasano.

Nelson Freire

É preciso atravessar toda a Barra da Tijuca, aquela sucessão de prédios com letreiros em inglês que faz você se sentir na Miamilândia, uma versão Lego da capital cucaracha do Primeiro Mundo, para chegar à casa de Nelson Freire, numa travessa da estrada do Joá de nome docemente local: José Pancetti. Ali, aboletada num morro chique, a casa que foi do ator Reginaldo Faria hospeda agora os móveis, objetos, quadros e discos de Nelson Freire, 56 anos recém-completados, o mais reputado pianista brasileiro.

No anexo atrás da casa é que Freire guarda seus bens mais preciosos: três pianos de cauda Steinway e a música que tira deles quando pode pousar no Brasil, num hiato de sua agenda cada vez mais lotada de concertos internacionais. Numa das paredes, o presente de um amigo, o pintor Alberto Nicolau, retrata um pianista. Na mesinha ao lado do sofá, a edição de setembro da revista *Le Monde de la Musique*, com uma de suas raras entrevistas, traz Freire na capa. Mas o carinho é maior quando aponta para um dos Steinway: "Este é o piano que foi da Guiomar Novaes".

A grande pianista brasileira é a mãe musical de Freire. É ela que ele faz questão de citar em primeiro lugar quando questionado sobre seus pianistas preferidos. Freire acha que Guiomar (1894-1979) está "meio esquecida", mas não se preocupa com isso. "Essas coisas são cíclicas", diz. E conta que a comissão selecionadora da antológica coleção *Great Pianists*, da Philips, tentou produzir um CD de Guiomar, mas esbarrou na baixa qualidade das gravações disponíveis, feitas nos estúdios da Vox nos anos 20.

A coleção da Philips, um acontecimento cultural livre do clichê, lançou duzentos CDs com os melhores pianistas do século e, entre eles, incluiu apenas um brasileiro, Nelson Freire. A decisão pode ser injusta, como diz Freire, mas principalmente pela ausência – agora justificada – de Guiomar. Freire diz que há diversos pianistas brasileiros que podiam estar ali e cita, com Guiomar, mais mulheres: Magdalena Tagliaferro ("ela tem uma força rítmica impressionante, boa para os espanhóis"), Antonieta Rudge, Menininha Lobo, Iara Bernette. Lembra também Jacques Klein, "o primeiro pianista brasileiro a se internacionalizar", e contemporâneos como Arthur Moreira Lima.

Moreira Lima é uma presença na carreira de Freire. Foi por ele que uma célebre professora de piano, Lucia Branco, preteriu Freire como aluno. Foi ele quem venceu o Concurso Chopin, em Varsóvia, que teve como segunda colocada a argentina Martha Argerich, grande amiga e parceira de Freire. E é um projeto ao estilo de Moreira Lima, de gravar uma seleta só de compositores brasileiros, que Freire alimenta entre outros.

Mas, se mais brasileiros poderiam ter sido contemplados pela Philips, ninguém poderá dizer que Freire não esteja representando bem o país ali. Freire leva a sério essa idéia de "representar o país". Quando cita Guiomar como pianista preferida, cita não apenas por motivos estéticos. "É que também sou brasileiro e me identifico muito com ela."

Nesse momento, o rosto redondo e rosado, as mãos pequenas e robustas e os olhos claros dão a Freire ar de menino, que a barba branca não esconde. Sua memória foi parar em Boa Esperança, Minas Gerais, cidade de onde saiu aos cinco anos quando os pais descobriram que tinham um virtuose em casa. Pai, mãe e quatro irmãos mudaram de vida por causa do talento do caçula. O pai deixou de ser farmacêutico e foi ser bancário na então capital do país, o Rio de Janeiro. Tinha ouvido de um professor uruguaio em Varginha, depois de meras doze aulas, que o filho tinha pela frente uma carreira brilhante de pianista. O pai confiou. Não se arrependeu quando viu estampado no importante *Diário de Notícias* carioca, em 1950, um título maiúsculo:

"UM CASO ESPANTOSO DE PRECOCIDADE"

A matéria trazia ainda uma foto de Freire aos seis anos, de bermuda e meias três quartos, à frente de um piano na não menos importante Rádio Nacional.

Todos que escutavam o garoto davam o mesmo veredito. Guiomar Novaes, por exemplo, não escondeu como ficou impressionada: "Ele é um pequeno Rubinstein!". Como Guiomar, que nasceu em São João da Boa Vista (SP) e chegou a ser elogiada em carta por ninguém menos que Debussy, Freire veio do interior e conquistou precocemente a admiração dos *experts*. E é como ela também, diz, que procura tocar piano. Que palavra mais associa ao estilo de tocar de Guiomar? "Espontaneidade. Frescor. Ela dá a impressão de sempre estar improvisando." Com fala baixa e lacônica, mas muito simpático, Freire diz que é preciso estudar e treinar muito para obter esse efeito, que para ele tem até certo sabor infantil. E lembra que Guiomar se destacou na *golden age* do piano, nos anos dourados em que gênios como Horowitz viajavam o mundo.

O apoio dos pais fez Freire não sofrer a maldição da precocidade. Eles nunca deixaram o menino se deslumbrar com o próprio talento. Punham as doses certas de estímulo e prudência. E entregaram o pequeno Rubinstein ao professor certo, Nise Obino, que instruiu o garoto de seus sete aos catorze anos. "Foi depois disso que se sentiu pronto como pianista?" Mais ou menos, responde Freire. "Na verdade, nunca me senti pronto."

Agora, no auge da maturidade, Freire vive grande momento. A inclusão na *Great Pianists*, a capa da *Le Monde de la Musique*, um punhado de projetos sobre os quais reserva um pouco de mistério. Além disso, é tema de documentário já iniciado por João Moreira Salles, com roteiro de Dorritt Harazim. A projeção contrasta um pouco com a discografia curta de Freire. Não passa de dez títulos, como um gravado ao vivo no Canadá em 1984 (*Live at Roy Thompson Hall*) e os de Chopin, Schubert, Brahms e Villa-Lobos, todos ótimos.

O compositor Villa-Lobos é ausência dolorosa na seleção da Philips, como talentoso e como brasileiro. Freire diz ter ficado feliz com a inclusão de gravações ao vivo como as de Liszt (*Rapsódia Húngara n° 10* e *Totentanz*, com a Filarmônica de Munique regida por Rudolf Kempe). "Prefiro ouvir gravações ao vivo. A gravação em estúdio fica mais fria. Nas gravações ao vivo, você vê como o pianista está, como vai incorporando os erros, como a música acontece."

Como explica a discografia pequena? "Eu não gostava de fazer discos. Nunca ficava satisfeito." Mas hoje, diz, o mercado está muito pequeno e é preciso lançar mais gravações, porque "o disco viaja por você". Começou até a construir um estúdio vizinho ao anexo. Conversando com Freire, sentimos pena de não ter escutado as incontáveis horas de música que ele deu a grupos pequenos de amigos, não raro acompanhado de Martha, com quem gravou *A Valsa de Ravel*. Freire é o anti-estrela, o tipo de companheiro agradável que pode, por exemplo, ir a Sintra, em Portugal, e se hospedar na quinta de uma marquesa, em cujo caramanchão deleita os convidados.

Ele parece decidido a registrar mais momentos. Com o violoncelista Antonio Meneses, ao lado de quem fez apresentação memorável há dois anos em São Paulo, planeja gravar um disco. Não sabe (ou não revela) que composições vai gravar, exceto a sonata de Mendelssohn. Outra obra que pretende gravar em breve são as sonatinas de Scarlatti. Quer gravar mais Liszt e, especialmente, mais Debussy, de quem o CD canadense traz *Images*. O disco de brasileiros poderá ter Camargo Guarnieri, Henrique Oswald, Claudio Santoro, além, eventualmente, de Villa-Lobos. "Quero pegar obras isoladas, esquecidas."

Para *Le Monde de la Musique*, Freire revelou ter como desafio, para o qual não sabe se está "pronto", duas sonatas de Beethoven: *opus 106* e *111*. "Beethoven é muito difícil", diz. Gosta muito das interpretações de Sviatoslav Richter. E Brahms, Brahms não é tido como um dos mais difíceis de tocar, por suas partituras finamente moduladas? "Não, Brahms não é mais difícil de tocar que Beethoven. Nem mais difícil que Chopin." Chopin é outro preferido de Freire, o qual vem tocando com freqüência. Prelúdios, mazurkas, scherzi. Significativamente, a interpretação de Freire de uma peça celebrada por Guiomar Novaes, o *Concerto em fá menor* de Chopin, rendeu ao pianista um cumprimento do genial colega Alfred Brendel. "Foi a melhor interpretação que já ouvi", elogiou Brendel.

Ao crítico Alex Ross da *New Yorker*, em resenha da coleção da Philips, Freire impressionou pela interpretação da *Fantasia* de Schumann. É outro compositor com quem se dá bem, e a versão reúne aquilo que Freire define como seu objetivo central: mesclar "virilidade e vulnerabilidade". Além de Guiomar tocando ambos, gosta de Rubinstein e Argerich em Chopin e de Horowitz e Cortot em Schumann. Os discos estão ali, em cima do piano e do aparelho de som.

Mas Freire está longe de querer que seu estilo de tocar seja associado a um ou dois compositores ou a um período. Ele tem tocado de Bach a Villa-Lobos. Entre os outros nomes de pianistas que vão passando pela conversa, confirma o ecletismo: Gieseking, Gilels, Kempff ("o Brahms dele é magnífico"), Radu Lupu, Serkin. Freire é pianista aplicado, que procura escutar muitas gravações, mesmo as menos cotadas, de uma peça antes de executá-la em público. "Alguns pianistas preferem ficar sem ouvir os outros. Eu não, eu preciso ouvir." Mas nunca escreveu sobre música, nem é grande leitor de crítica.

Quando não está escutando a trabalho, gosta de ouvir o quê? "Gosto de ouvir rádio, de deixar numa estação de música clássica. Mas rádio aqui no Brasil, pelo menos no Rio, é muito ruim. A programação é muito repetitiva." Na maior parte do tempo, escuta clássica. Gosta também de jazz, Tom Jobim. Um pequeno brilho no olho: "Ah, e Ella Fitzgerald".

Vai muito a apresentações dos outros pianistas. "Nós todos fazemos isso, com poucas exceções." No Rio, recentemente, foi ao recital de Daniel Barenboim e gostou muito da interpretação forte de Liszt (*Depois de uma leitura de Dante*) e Albeniz (*Iberia*), obras que já tocou. Não gostou tanto do tosse-tosse da platéia carioca, que diz pior que a paulista. Encerrado o concerto, foi até Barenboim e teve de ouvir a pergunta: "Eles são sempre assim?"

Freire agora está ansioso pela primeira viagem que fará a São Petersburgo, cujo público os colegas costumam elogiar. O pequeno Rubinstein agora não é ninguém mais que o grande Nelson Freire.

(OESP, 11.11.2000)

Nelson Freire (1944) tem feito muitos concertos no mundo todo e em 2002 foi tema de um documentário muito bom de João Moreira Salles.

Antonio Meneses

A longa jornada de Antonio Meneses
noite adentro

Dois homens – um de 46 anos, estatura mediana, o outro de 80 anos, baixinho e gordinho – estão sozinhos no palco de um teatro, diante da platéia vazia. O mais jovem segura um violoncelo entre as pernas, como se o abraçasse. O mais velho está sentado ao piano de cauda, tocando-o como se fosse seu brinquedo. Eles conversam no idioma da música e, de vez em quando, em inglês. Estão descontraídos e concentrados, à maneira de quem se dedica a um prazer único. Às vezes o pianista interrompe o violoncelista e sugere, cantarolando: "Acho melhor nesta passagem fazer assim, da-dada-da-daaa". O violoncelista, que tinha ficado em pé para olhar a partitura do pianista, concorda, senta de novo e executa, da-dada-da-daaa. "É isso!", comemora o pianista. Em outro momento, é o violoncelista que sugere, levantando-se: "Aqui você poderia me ajudar. Vamos um pouco mais lentamente", diz, apontando um compasso. "Ok", responde o outro músico. E assim seguem por mais duas horas.

O velhinho simpático é ninguém menos que o alemão Menahem Pressler, um dos "grandes" do piano, e o violoncelista aplicado se chama Antonio Meneses, brasileiro, um instrumentista no início de seu apogeu. O ensaio no palco do Teatro Cultura Artística não chamaria a mesma atenção se não fosse o primeiro de um dia, a segunda-feira passada, vivido na expectativa de uma grande noite – a noite do primeiro dos três concertos devotados a Beethoven em São Paulo, o último dos quais se realiza hoje, a partir das 21 horas. Pressler e Meneses ainda vão ensaiar mais uma hora e meia nesta fria segunda-feira de agosto, das 19 às 20h30, de modo que a esperada apresentação comece já em alta temperatura. E assim ela começaria e terminaria, deixando na platéia, lotada, a sensação de ter escutado a uma conversa musical única.

O dia de Meneses, porém, não teria sido diferente de qualquer outro, salvo por dois motivos: a ansiedade em torno do concerto noturno, constituído de peças de difícil interpretação, e a *siesta*, as duas horas obrigatórias de sono depois do almoço. "É sabido que dormir um pouco à tarde deixa a mente mais alerta para a noite", justifica Meneses, enquanto come tranqüilamente um robalo com legumes no restaurante do hotel Cá D'Oro, onde está hospedado. De manhã, depois de um café convencional e antes de ir para o ensaio, ele apenas dera uma caminhada sob a garoa paulistana, lera jornais e verificara os e-mails. Depois da soneca e do segundo ensaio do dia, não parece nada ansioso. "Mas estou", diz ele, que não janta antes do concerto, deixando a fome para a música. "Quem não fica nervoso é porque não dá importância ao que faz."

Meneses é conhecido pela importância que dá ao que faz – e que o está transformando num dos violoncelistas mais respeitados do mundo. Para ele, a boa música não se faz pela inspiração momentânea, mas pelo trabalho constante. Daí o valor que dá aos ensaios. Ele encontrou em Pressler, com quem há cinco anos compõe o Beaux Arts Trio ao lado do violinista Daniel Hope, um mentor generoso, capaz de manter a inquietude mesmo com tanta experiência, e um admirador, que acredita que Meneses hoje toca de modo mais profundo. A idéia de a dupla fazer turnê com as sonatas para piano e violoncelo de Beethoven – que já teve sua fase européia no ano passado – é decorrência desse aprendizado mútuo. "Não preciso mais dar concertos", diz Pressler. "Decidimos tocar essas peças pelo prazer do desafio. É para nós uma realização."

Esses cinco anos ao lado de Pressler têm sido uma transformação para Meneses, que o qualifica de sua terceira grande influência musical, depois da de seu professor Antonio Janigro, com quem estudou na Alemanha, e da do maestro Herbert von Karajan, com quem gravou o *Concerto duplo de Brahms* (ao lado de Anne-Sophie Mutter) e o *Don Quixote* de Richard Strauss (ambos com a Filarmônica de Berlim). Janigro lhe ensinou a "conjugar técnica e musicalidade". Karajan, que o costumava chamar ao camarim minutos antes de um concerto para os últimos ajustes, ensinou o perfeccionismo, o valor de estudar muito bem a obra antes de se apresentar. E Pressler tem lhe ensinado a dialogar com os outros músicos, a dosar autoconfiança e autocrítica.

Meneses nasceu no Recife em 1957, mas com um ano já estava no Rio de Janeiro, onde seu pai era trompista do Theatro Municipal. Aos dez anos, ganhou dele o violoncelo. "Meu pai dizia que um instrumento de corda torna mais fácil a carreira. Mas não faço a menor idéia do motivo por que escolheu o violoncelo e não o violino ou a viola". Seja como for, o pai de Meneses acertou em cheio. Perguntado se acha que o violoncelo é homem ou mulher, ele declara seu amor: "Acho que é mulher. Não é tão agressivo quanto o violino, mas também não é morno como a viola". E comenta que, nas aulas que dá na Basiléia, Suíça, onde passa a maior parte do tempo quando não está viajando, sete em cada dez alunos do instrumento são mulheres. Divorciado, pai de um rapaz de dezesseis anos, Otávio ("Ele toca piano, mas não sei se vai ser profissional"), é sempre no Rio que Meneses passa alguns dias extras quando vem ao Brasil.

Sua carreira disparou quando ganhou, aos 25 anos, o primeiro prêmio no Concurso Tchaikovsky de Moscou; cinco anos antes, já ganhara o primeiro prêmio do Concurso de Munique. Tocou com algumas das principais orquestras do mundo (como as Sinfônicas de Londres e Viena e as Filarmônicas de Nova York e São Petersburgo, além da de Berlim e outras), com grandes maestros (Karajan, Abbado, Mutti) e em ótimos grupos de câmara (como o Quarteto Vermeer, além de parcerias com o conterrâneo Nelson Freire). E gravou discos com as integrais das suítes de Bach, concertos de Villa-Lobos e, entre outros, o recente Cellissimo, com diversas peças curtas de autores nacionais e estrangeiros. Mas Meneses não olha assim seu passado.

123

"Eu gostaria de fazer todos os meus discos de novo", diz. "Quando escuto qualquer um deles, sinto que não sou mais eu ali." Tem uma opinião incisiva sobre esse período de sucesso que já dura vinte anos: "Quando fiz todos esses concertos e discos, ainda não estava emocionalmente preparado, embora estivesse tecnicamente preparado. Não sei se é verdade, mas essa é minha impressão. De certo modo, é uma realidade que enfrento ainda hoje. Uma certa fragilidade emocional". A frase é dita em tom sincero e seco e não destoa da figura reservada de Meneses. O que ele quer dizer é que essa é sua forma de trabalho: muita dúvida, muita pesquisa. E espera que seu amadurecimento apareça nos próximos discos: os trios de Schubert com o Beaux Arts e, ainda um "sonho", essas mesmas sonatas de Beethoven com Pressler.

Meneses diz não ser um violoncelista como o grande Rostropovich (sob cuja regência já trabalhou), de "energia esfuziante", de contrastes expressivos. Ou como Yo-Yo Ma, movendo brilhantemente uma máquina de projetos abundantes e díspares. Sua linhagem é mais a do francês Pierre Fournier e a do espanhol Pablo Casals, que já foi dono de seu violoncelo italiano Matteo Goffriller do século XVIII (embora Meneses esteja usando mais o Vouillaum, de fabricação francesa, do século XIX, que lhe soa "mais quente"). "Gosto de explorar os detalhes, as passagens. Acho que está tudo ali na partitura, que o músico não tem de impor sua maneira de ser à música. Se você tem uma força de expressão, ela vai aparecer naturalmente."

Dá valor ao "ouvido interno" e cada vez escuta menos música. Ao tocar o instrumento, não pensa em outra coisa a não ser em "desenhar o fraseado", em executar o gesto com o maior controle possível, em fazer opções nítidas. "Não automatizo nunca", diz. "Mesmo agora, que sei o que quero de uma composição quando vou tocá-la, sempre me emociono com ela." É essa combinação entre o estudado e o emocional o que lhe interessa – e o que se ouviu no concerto de anteontem à noite, no diálogo entre sua concentração intensa e a entrega prazerosa de Pressler, na passagem da ternura para a agitação e depois a ironia que fizeram, por exemplo, na *Sonata nº 4* em dó maior.

"Com Menahem aprendi que a música se faz nos ensaios. Se você não sente a emoção ali, não vai sentir durante o concerto. O concerto, claro, tem o inesperado, um conjunto de fatores que influenciam sua performance.

Mas o ensaio tem de construir a arquitetura, a forma do que você vai fazer." Meneses diz entrar no palco consciente dos erros que pode estar inclinado a repetir, mas que o objetivo do ensaio é aproximar o músico o máximo possível da obra. "A rigor, o ensaio nunca termina. Mas ali você fica sabendo no que vai se concentrar. É o plano de ação." Diante da platéia vazia ou cheia, a vitória está garantida.

(OESP, 27.8.2003)

Antonio Meneses (1957) é considerado um dos melhores violoncelistas do mundo.

Cientistas

Stephen Jay Gould

Ele é o grande herdeiro de Thomas Huxley (1825-1895). Como o biólogo inglês, luta pelo darwinismo com lucidez impressionante, provando que a teoria da evolução é um marco na história do conhecimento e da sensibilidade. Mas o americano Stephen Jay Gould, que está aqui para lançar *Dedo mindinho e seus vizinhos* (Companhia das Letras), luta contra um inimigo menos ostensivo. A batalha de Huxley era contra a religião e sua visão criacionista, antropogênica do mundo. A de Gould não deixa de ser a mesma, mas se dá num mundo em que o discurso dominante não é o religioso. Seu inimigo está nos miasmas do senso comum, do comportamento médio que se pauta por uma crença embutida – a de que o homem é superior a todos os outros habitantes do planeta. Não à toa, dois temas dos 31 ensaios desse livro são a ecologia e a natureza humana. Autor de vários livros, sete dos quais publicados no Brasil, Gould fala deles na rápida entrevista a seguir, feita em um hotel em São Paulo.

O sr. acha que na consciência diária há uma dificuldade de assimilar a teoria de Darwin plenamente – ou seja, não como uma escala evolutiva no topo da qual está o homem?

Não acho que seja difícil; é uma teoria muito lógica, que tem uma idéia básica muito simples. É estupidez pensar que somos o ápice da evolução. A questão é que muitos pensam assim por causa de preconceitos sociais e esperanças psicológicas, que impõem à teoria.

Mas por que temos a impressão de "continuidade" quando imaginamos o processo evolutivo, continuidade que seu trabalho mostra que é ilusória?

Os saltos evolutivos de que falo no livro não são descontinuidades reais, não são saltos no tempo. São desvios de uma linha evolutiva – a evolução deve ser vista como um mosaico. É um processo que parece muito lento, há espécies que levam dez mil anos para se formar, mas dez mil anos são um momento apenas, na geologia.

O sr. diz no livro que o determinismo biológico foi mal-associado a costumes sociais. Por quê?

Porque é um argumento tão tentador! Os conservadores fazem essas associações porque existe uma semelhança entre comportamento dos animais e dos humanos.

Não há nenhuma plausibilidade nisso?

Se for no sentido de que uma raça, um sexo ou uma classe social têm direito intrínseco ao poder, claro que não. São muitas variáveis para você afirmar qualquer coisa.

Darwin, em *A descendência do homem*, tentou alguns paralelos assim. É um livro totalmente datado?

Não é um livro muito importante, o próprio Darwin achava isso. Em 1871 não havia prova direta da existência de um fóssil sequer. Ele não tinha material; só podia especular.

Estudando a história natural, é possível aprender sobre a natureza humana?

É óbvio! Não acredito na "memória ancestral" da espécie humana, como Jung, mas o que encontramos no comportamento das outras espécies explica muito o comportamento humano.

Um dos temas mais importantes desse livro é a ecologia. É possível o homem ser racional a ponto de ser realmente ecológico?

(Risos) Bem, ao menos temos a capacidade. Não é impossível. O problema não é que precisemos ser inteiramente racionais. Apenas precisamos ser não-nacionalistas; isso seria racional o bastante.

Hoje o materialismo e o relativismo não são mais as ameaças que eram na época de Darwin e Huxley, mas o sr. mostra que a visão contingencial do mundo é falha também. É a maior herança de seu trabalho?

Para o público em geral, espero que sim. Espero ter mostrado que a evolução não é um processo meramente progressivo, e que ainda está acontecendo, que estamos apenas numa etapa da história natural. E que temos sorte por viver dentro de tal processo, ao qual estamos sujeitos.

Para encerrar. O sr. acredita em Deus?

(Risos) Numa entrevista de meia hora?! Não há resposta sim ou não para essa pergunta.

(FSP, 15.9.1993)

Stephen Jay Gould (1942-2002) foi um dos maiores evolucionistas surgidos desde a teoria de Darwin. Seu último livro se chama *The Structure of Evolutionary Theory*.

Oliver Sacks

"O que tenho a dizer é que o arco-íris fica ainda mais bonito se conheço óptica; o sol, ainda mais fascinante se sei que se trata de uma espécie de máquina nuclear. Essas descrições científicas tornam a natureza ainda mais rica, mais maravilhosa." Quem diz isso é o psiquiatra e neurologista americano Oliver Sacks, conhecido por livros como *Tempo de despertar*, *O homem que confundiu sua mulher com um chapéu* e *A Ilha dos daltônicos*. Sacks poderia estar se referindo ao próprio trabalho. Em seu livro mais recente, *Tio Tungstênio* (em lançamento pela Companhia das Letras), consegue fascinar o leitor com a ciência mais amaldiçoada por estudantes de todo o mundo: a química. Misturando memórias de suas experiências como químico mirim e as reflexões de um dos cientistas-escritores mais sensíveis da atualidade, ele contamina o leitor com seu maravilhamento pelos elementos e suas transformações, com seu interesse insaciável pelas cores e formas da natureza.

A química literária de Sacks é conhecida e celebrada desde os anos 70, quando começou a se tornar famoso pelas narrativas de seus casos clínicos, as quais demonstravam que o tratamento de perturbados mentais passava necessariamente por uma conjunção de drogas estabilizadoras (como a L-dopa ministrada nos pacientes de *Tempo de despertar*) e contatos pessoais, pela investigação da história de vida de cada doente. Mais fascinantes que a grande maioria dos romances publicados desde então, os relatos do dr. Sacks começaram – como os ensaios do biólogo e paleontólogo Stephen Jay Gould – a atrair enorme contingente de leitores para os temas científicos, humanizados por sua escrita incansavelmente humanista. Isso abriu espaço para toda uma geração de autores científicos, hoje de inegável presença cultural no mundo todo, como o neurologista Antonio Damasio. Na entrevista a seguir, feita por telefone, Sacks fala de seu livro, de Gould, de Damasio e também de Sigmund Freud, a quem defende do "linchamento" que vem sofrendo nos EUA.

Qual relação o sr. vê agora entre seu amor infantil à Química e à fotografia e sua carreira como psiquiatra?

Não sei bem. Na verdade, todas as ciências naturais estão relacionadas. Eu nunca vi descontinuidade entre uma e outra. Precisei entender de Química, Física e Mineralogia para entender de Biologia, de Biologia para entender os seres humanos, e esse tem sido todo o meu esforço.

A Química normalmente é uma das disciplinas mais odiadas na escola. Seu livro mostra como ela pode ser fascinante. Mas há uma diferença muito importante: o sr. realmente experimentou a Química, testemunhou acontecimentos químicos, e na escola costumamos aprender apenas os nomes e as fórmulas. O sr. concorda?

Não sei como anda o ensino da Química hoje, mas tendo a concordar. Acho que o ensino de Química deve ser altamente visual e prático, e o professor mostrar entusiasmo por ela. Acho também que a história da química a torna mais interessante – você saber como as coisas chegaram aonde chegaram. Meus interesses, na química, na neurologia ou na psiquiatria, sempre vieram da curiosidade por sua história. Mas química tem relação sobretudo com sair e observar os fatos, ver como as coisas funcionam. Ela poderia, ela deveria ser mostrada como algo maravilhoso. Na verdade, recebo muitas cartas de leitores que foram apaixonados por química, embora receba também daqueles que a detestavam e depois a redescobriram.

O biólogo inglês Richard Dawkins propôs que se construísse uma ponte entre ciências e humanidades, que se visse beleza nas descrições de Newton sobre o que causa um arco-íris. Não tem sido esse seu trabalho também?

Eu espero que sim. De certa forma ainda existe uma reação romântica a essas explicações científicas, mas o que tenho a dizer é que o arco-íris fica ainda mais bonito se conheço óptica; o sol, ainda mais fascinante se sei que se trata de uma espécie de máquina nuclear. Essas descrições científicas tornam a natureza ainda mais rica, mais maravilhosa.

Os anos 90 foram descritos como "a década do cérebro". Como o sr. vê os avanços nessa área? O que acha do trabalho de António Damásio?

Acho o trabalho dele muito bonito, e no momento estou ansioso por seu novo livro. O que admiro é que ele esteja vendo pacientes, tratando deles, para tirar idéias sobre as relações entre emoção e razão, entre sentimento e consciência. Deve ser a primeira teoria global possível da consciência, da maneira como instintos se relacionam com a experiência e a cultura. É excitante a maneira como ele está examinando a sincronia entre camadas neuronais ou a capacidade de regeneração dos neurônios. Acho que a década de 1990 foi bem batizada como a década do cérebro, mas muita coisa ainda precisa ser compreendida.

Mas o que o sr. acha da chamada psicologia evolucionária, como a de Steven Pinker, que busca explicar a consciência humana pela evolução darwiniana?

Acho muito interessante, mas não me sinto capaz de julgá-la. Não posso ter certeza sobre suas generalizações. Acho que minha função é mais a de observar comportamentos clínicos e químicos e narrá-los. Mas a presença deles é muito boa para o debate.

Dizem que o sr. foi um dos intelectuais que protestaram contra a exposição de Freud em Washington, alguns anos atrás, mas o sr. contribuiu com um ensaio para o catálogo. O que resta das idéias de Freud hoje?

Aquilo foi um mal-entendido. Assinei uma carta que pedia para a exposição não ser prorrogada, pois não discutia muito Freud. Acho que muito do que ele disse pode ser jogado fora, mas determinadas coisas não. Acho que especialmente suas idéias sobre a dinâmica do inconsciente, como o mecanismo de repressão e seu processo representativo, estão vivas. Na verdade, tem havido sucesso na conexão de alguns desses conceitos freudianos com as pesquisas da neurociência, com sua consumação biológica – pela qual ele ansiou a vida inteira, sem dispor dos conhecimentos necessários. Já foram organizados dois ou três congressos sobre neuropsicanálise, que nada mais é que essa conexão. Sei que as teses de Freud são fortes no Brasil, e acho que depois desse linchamento que tem ocorrido nos EUA (risos) haverá uma forte ressurreição de suas idéias. A ciência vai confirmar boa parte delas. Obviamente, não conceitos como "instinto de morte" e "complexo de Édipo".

O sr. foi um dos primeiros a advogar o uso de drogas no tratamento de doentes mentais. Mais tarde, a crença na farmacologia para resolver distúrbios psicológicos tomou proporção enorme. Como se sente a esse respeito?

Acho que o tratamento farmacológico e o psicanalítico são necessariamente complementares. A enxaqueca, por exemplo, requer medicação, porque afinal é um evento fisiológico; mas também é preciso que se explore a história pessoal do paciente, sua vida, assim como no caso da esquizofrenia, da depressão clínica, da síndrome de pânico.

O sr. e outros autores, como o biólogo americano Stephen Jay Gould, morto recentemente...

Eu admirava muito Gould, éramos amigos íntimos e costumávamos nos ver como dois "bravos"...

E o sr. e ele ajudaram a abrir uma nova era de literatura científica, dos anos 70 para cá, que continua se intensificando. Cientistas – e não meros divulgadores – escrevendo sobre ciência para o público não é um fato cultural de enorme importância?

Sem dúvida. Acho que é preciso tornar a ciência e a medicina acessíveis para o público, mas sem fazer nenhuma concessão. E Gould era um mestre nisso. Não há ninguém como ele na sua área; ele deixou um grande vácuo. Mas o que importa é que as pessoas queiram saber sobre esses assuntos, e isso na verdade começou com os escritores-astrônomos. É bom que as pessoas estejam se interessando mais e mais por esses temas, até pela química (risos).

(OESP, 28.7.2002)

Oliver Sacks (1933), neurologista, é autor de diversos livros.

Richard
Dawkins

Cuidado, poetas. Os cientistas estão roubando suas metáforas. E isso, na opinião do biólogo Richard Dawkins, é muito bom. Dawkins é autor do livro *Desvendando o arco-íris* (Companhia das Letras), que acaba de ser publicado no Brasil. O título parte da afirmação do grande poeta inglês John Keats de que Newton teria tirado o encanto do arco-íris ao decompô-lo num prisma. O que Dawkins diz é que não, que a ciência pode ser um grande instrumento para revelar às pessoas o encantador engenho da natureza. Em nome dessa revelação, Dawkins concorda que o mundo editorial vive uma espécie de iluminismo, em que os cientistas mais e mais vêm a público e, com ajuda a cautelosa das metáforas, conquistam leitores para a ciência, ainda que a maioria opte por gastar o tempo lendo horóscopos. De Oxford, por telefone, ele conversou sobre todos esses assuntos:

O editor John Brockman disse em entrevista recente que o termo "intelectual", ao longo do século xx, pôde ser aplicado a um professor de Lingüística mas não a Einstein. Agora vemos autores como o sr. e mesmo sites como o Edge (www.edge.org), de Brockman, tomando a cena cultural. Estaríamos chegando à "terceira cultura"? Como podem a ciência e as humanidades voltarem a dialogar e se ajudar?

John Brockman criou esse conceito de "terceira cultura" pensando na famosa controvérsia entre C. P. Snow e F. R. Leavis sobre "as duas culturas". A terceira cultura seria a tentativa dos cientistas de levar o conhecimento científico para o público intelectualizado, ou mesmo um público ainda maior, num estilo claro e envolvente. É o que temos visto nos últimos vinte anos, e que agora está ainda mais forte.

O sr. elogia o livro de Steven Pinker, *Como a mente funciona*, e suas idéias sobre as origens evolucionárias de nossas inclinações físicas. Pinker faz afirmações, por exemplo, sobre as diferenças entre homens e mulheres, como a de que os homens tendem a ser mais poligâmicos e as mulheres mais monogâmicas. O sr. não acha esse tipo de conclusão perigoso?

Não acho, à medida que esse tipo de afirmação que Pinker faz, e eu mesmo fiz algumas vezes, diz mais respeito às diferenças entre machos e fêmeas, a tendências biológicas da espécie. O que é importante é notar que existir uma tendência não significa que o comportamento correspondente seja inevitável e obrigatório, que explique atitudes de cada indivíduo.

Mas não é perigoso no sentido de ser uma generalização que pode ser mal-aproveitada pelas chamadas ciências humanas?

Sim, nesse sentido sim. Eu mesmo conheci uma mulher que estava revoltada contra essa idéia como se fosse uma condenação sobre ela. Devemos ficar bem atentos para que análises estatísticas não se tornem leis morais.

Edward O. Wilson definiu certa vez a natureza humana como "um conjunto de predisposições genéticas". O sr. concorda? Como a terceira cultura poderia definir a natureza humana?

Acho que depende de como se definir "natureza". Mas certamente a natureza humana é muito mais que um punhado de genes. Todos crescemos em sociedade, mudamos várias vezes, sofremos grande influência do ambiente.

O sr. observa em seu livro que a física quântica é um tanto "estranha" para a mente humana. Como podemos conciliar ciência e senso comum se a ciência se tornou tão complexa?

A física quântica é realmente muito complicada. Eu mesmo não a entendo. Mesmo o grande físico Richard Feynman dizia que ela é estranha, e se ele não a entendia completamente ninguém mais poderia entender. Mas acho que é preciso dizer às pessoas que áreas como a física de partículas não se comportam de modo convencional, pelas regras que conhecemos. Talvez jogos de computador para crianças, em vez de imitar jogos reais, digamos o pingue-pongue, pudessem mostrar realidades distorcidas, como uma bola que se divide em duas etc.

O sr. tem uma controvérsia com Stephen Jay Gould. O sr. discorda da teoria dele sobre a Evolução, a teoria do equilíbrio pontuado. Mas como ensaísta científico, como divulgador do darwinismo, ele é muito bom, não?

Sem dúvida. O que acho é que o trabalho dele permitiu uma associação entre a idéia de que a Evolução age como um rápido gradualismo e os saltos provocados por extinções catastróficas ou por contingências. Ele mesmo não diz isso, mas muita gente atribui essa associação a ele. O rápido gradualismo não tem nada a ver com as extinções e as contingências, porque são eventos que ocorrem em escalas de tempo diferentes, com origens diferentes.

Há uma passagem divertida em seu livro sobre o "preconceito astrológico" de muitas pessoas, que classificam as outras por signos e suas características. Será que nossa era de tecnologia e genoma não vai levar cada vez mais pessoas a reforçar essas superstições?

Acho que muita gente lê horóscopo como entretenimento inofensivo, não por não acreditar na ciência. Mas ler todo dia aquelas generalizações talvez indique que as pessoas desejem que o mundo seja mais misterioso do que é. E o mundo é mais misterioso do que parece, mas a ciência é que pode mostrar isso. E poucas pessoas lêem ciência.

Só por curiosidade: por que o sr. não cita António Damásio em seu livro? Suas opiniões sobre o mundo virtual que o cérebro pode construir são muito semelhantes aos conceitos dele sobre "consciência ampliada" e a relação entre ela e os sentimentos e emoções. O que o sr. acha do trabalho dele?

Escrevi *Desvendando o arco-íris* antes de sair o livro mais recente de Damásio, *O mistério da consciência*. Mas pessoas que respeito muito me disseram que se trata de um excelente trabalho, e estou ansioso para lê–lo.

O sr. escreve coisas interessantes sobre o uso de metáforas poéticas pela ciência. Mas o sr. mesmo reclamou da expressão que criou, "o gene egoísta", porque as pessoas tenderam a personificar esse gene por causa do adjetivo. Isso lembra o que o físico inglês Paul Dirac disse sobre a necessidade do ser humano de substantivar tudo, de dar nomes a tudo que percebe. Qual o limite de uma ciência poética?

Isso é muito complexo. As pessoas tendem, por exemplo, a saber de um evento e querer saber o que veio antes. Se os físicos dizem que o universo teve origem no Big Bang, elas perguntam: mas o que veio antes do Big Bang? O físico pode pensar: "Não sei explicar isso a não ser pela matemática". Mas ele também pode tentar usar metáforas. Por exemplo: o que fica a norte do Pólo Norte? Não é suficiente, mas já ajuda muito.

O público interessado em ciência parece crescente no mundo todo. Em parte, os cientistas-ensaístas teriam também ocupado o vácuo deixado pelas chamadas ciências humanas, cada vez mais cheias de jargão?

Certamente. A ciência também é cheia de jargão, mas a impressão que tenho é que nas humanidades eles precisaram acrescentar jargões desnecessários, obscurecendo a linguagem. Talvez tenham feito isso para disfarçar o conteúdo do que dizem, que pode ser bem mais simples do que parece. Mas há um interesse genuíno por ciência crescendo no mundo todo. Não sei como é no Brasil.

Agora começa a crescer também.

Fico feliz com isso. Veja que há mesmo autores que não são cientistas mas que estão fazendo um grande trabalho de divulgação científica, como Melvyn Bragg (autor de *On Giant's Shoulders*). E já podemos ver diversos escritores e dramaturgos que estão profundamente interessados em ciência e levam esse interesse para suas obras, como A.S. Byatt, Ian McEwan, Tom Stoppard.

O sr. diria que, nesses últimos vinte anos, estaria havendo uma espécie de iluminismo, que agora vem da ciência para o pensamento?

Seria trabalhoso defender isso, mas, já que você falou primeiro, eu assino embaixo.

(OESP, 21.10.2000)

Richard Dawkins (1941), biólogo, é autor do recente *The Ancestor's Tale* (2004).

António
Damásio

Em toda a vasta e febril literatura que vem surgindo sobre a consciência, assinada por cientistas, psicólogos e lingüistas, entre outros, um nome se destaca por seu rigor e perspicácia: o neurologista português António Damásio, pesquisador da Universidade de Iowa (EUA) e autor de *O erro de Descartes*, lançado no Brasil pela Companhia das Letras. A editora publica agora *O mistério da consciência*, tradução de seu mais recente livro, *The Feeling of What Happens*. Na entrevista a seguir, feita por e-mail, Damásio fala sobre a relação entre consciência, emoção e linguagem, sobre a influência do genoma em nosso comportamento e outros assuntos.

Há uma controvérsia entre Noam Chomsky e Richard Dawkins sobre o conceito de evolução aplicado à mente humana. Chomsky diz que a linguagem se origina de nossa configuração neuronal. Dawkins acha que o cérebro contém uma história biológica e que, portanto, a linguagem é um instrumento adaptativo. A idéia do sr. de uma "consciência central", baseada nas regiões mais antigas do cérebro, da qual a "consciência ampliada" (onde estaria a linguagem) depende, parece fazer uma ponte entre as duas concepções. Mesmo assim, essa divisão entre duas consciências, a central e a ampliada, não é perigosa? O intelecto e a linguagem não podem interferir na emoção e na percepção?

A consciência central se baseia no aparato que contribuiu e é responsável pela homeostase do organismo, mas não é responsável por ela. E não é autônoma em relação a operações mentais mais complexas. Na verdade, a consciência central é a base para essas operações. Nossos esforços intelectuais podem e devem interferir com os processos cognitivos que levam à manifestação das emoções. Além disso, eles podem conectar, própria ou impropriamente, emoções e sentimentos a conteúdos específicos. O que digo é que o mecanismo biológico íntimo que produz a emoção – por exemplo, uma reação de medo ou contentamento – é profundamente arraigado e automático quando provocado.

Mas o sr. não diz que a linguagem nada tem a ver com a produção da consciência central e da emoção ou percepção?

Sim. Mas a linguagem pode e deve interferir com a maneira pela qual construímos, na consciência ampliada, a noção que temos de nós mesmos e, claro, a noção que temos de como os eventos e pensamentos se ligam a emoções. Sua pergunta diz respeito à integridade e autonomia do ser humano todo, aspectos humanísticos que respeito profundamente. Mas esses aspectos dependem de níveis mais elevados de consciência e criatividade, que derivam da consciência ampliada. Eles não dependem diretamente da consciência central.

O biólogo Stephen Jay Gould escreveu certa vez um belo texto sobre o diagnóstico de seu câncer, em que o médico predisse mais um ano de vida para ele. Como se sabe, ele viveu mais de quinze anos desde então. E escreveu que deve haver uma influência da atividade mental sobre o sistema imunológico. Segundo sua teoria, isso faz sentido? Existe uma maneira pela qual a consciência ampliada é capaz de estimular certas funções vitais? Não haveria um *feedback* da consciência ampliada sobre a central?

Jay Gould está absolutamente certo. A atividade mental tem uma influência sobre todos os aspectos de nossa fisiologia, às vezes forte, às vezes fraca, às vezes direta e às vezes indireta, dependendo do sistema. A atividade mental, especificamente em relação a emoções e sentimentos, pode influenciar o sistema imunológico. Mas essa influência não é exercida diretamente pela consciência ampliada sobre a central. Há outros caminhos de influência.

O sr. diz que os conceitos precedem as palavras e as frases. Com isso, parece negar a filosofia predominante neste século que diz que a linguagem é a preocupação central. O que o sr. pensa das idéias de pensadores como Heidegger e Wittgenstein que dizem que nosso ser é algo escondido atrás da linguagem e, logo, inacessível?

Eu disse que os conceitos precedem as palavras e as frases em termos de sua aparição evolutiva. Não há dúvida quanto a isso. Muito do que nos define como seres humanos se baseia em processos não-verbais, mas o mesmo ou ainda mais é baseado numa elaboração do conhecimento não-verbal feita pela linguagem. Em outras palavras, nós somos, como seres humanos culturais, um amálgama de processamento não-verbal e processamento altamente verbal. Esse fato é inteiramente compatível com o fato de que as operações essenciais de um ser humano vivo são pré-lingüísticas e de que isso inclui os processos de regulação biológica, emoção, percepção e consciência central. A linguagem realmente tende a esconder parte da natureza de um indivíduo, mas a máscara cai – e, portanto, não acho que o indivíduo seja inacessível.

O sr. diz que o cérebro tem uma "atitude narrativa", que a consciência central compõe histórias sem palavras. É essa atitude que capacita a linguagem, na consciência ampliada, de ser tão essencial ao homem?

Sim. Em meus termos, a atitude narrativa que informa a consciência central também informa a consciência ampliada, tanto pré-verbalmente quanto verbalmente.

Assim como na controvérsia Chomsky–Dawkins, houve recentemente um encontro entre Jay Gould e Edward Wilson em que este definiu "natureza humana" como um "conjunto de predisposições genéticas". Gould respondeu que achava a definição muito "reducionista". Como o sr. definiria "natureza humana"? Temos milhares de genes, mas nosso cérebro faz bilhões de conexões o tempo todo. Como o genoma poderia controlar ou determinar todas essas conexões?

Esta questão é fácil. Está claro tanto em *O mistério da consciência* quanto em *O erro de Descartes* que não acredito que genes controlem a mente. Genes produzem o layout básico de um organismo, inclusive o layout básico do cérebro, e estamos constantemente interagindo com o ambiente para operar células e circuitos. Mas os fatores ambientais, aqueles que chamamos de sociais e culturais, formatam o aprendizado de cada indivíduo, de um modo inteiramente particular. A resposta, então, é que nossas naturezas humanas são a combinação de uma longa história evolutiva, transmitida por genes, e da história de nossa trajetória pessoal num meio físico, social e cultural.

Então o sr. não acredita na existência de um gene que defina, digamos, que alguém é ou será homossexual? Em outras palavras, estou fazendo ao sr. a mais antiga das perguntas: quanto é genético em nosso comportamento e quanto depende da cultura? E como pode o *design* genético agir sobre nosso comportamento real?

Não acredito que um só gene possa produzir certo tipo de personalidade, ou doença mental, ou orientação sexual. Muitos desses aspectos complexos de um ser humano são ou poligênicos (resultado da ação de muitos genes interagindo entre si) ou poligênicos e ambientais. No entanto, é verdade que existem certas doenças que são causadas por um só gene, como o mal de Huntington. Em suma, no debate entre Gould e Wilson, estou do lado de Gould.

Qual é sua opinião sobre a chamada psicologia evolucionária? Em *Como a mente funciona*, Steven Pinker dedica um capítulo às diferenças entre homens e mulheres. Diz, por exemplo, que a propensão biológica da mulher é preservar a espécie e reproduzir com um genitor; e que a propensão do homem é disseminar os germes sexuais e, portanto, ser poligâmico. Diz também que, por isso, mulheres tenderiam a ser mais objetivas e homens, mais dispersos. O que há de científico nessas inferências sobre o comportamento humano?

Muitas dessas afirmações são hipóteses curiosas, às vezes bastante vagas, e a maioria delas tem pouca ou nenhuma chance de ser testada. A psicologia evolucionária chama a atenção para um conjunto de fatos objetivos e é importante para nos alertar para a considerável influência da história evolucionária em nossas naturezas biológicas. Mas existe um problema quando essas influências são interpretadas como a causa única de nossos padrões comportamentais.

No velho debate sobre a inteligência artificial, o sr. diria que a inteligência humana pode ser ultrapassada em termos de habilidade para memória e cálculo, mas que não pode ser emulada, no sentido de que o computador é um cérebro sem corpo? O fato de não ter um corpo, um organismo bioquímico, faz do computador um ser com inteligência mas sem consciência ou autoconsciência? Não falta ao computador o auto-interesse que vem da regulação biológica?

Sim. O que digo no último capítulo do livro é que mesmo se os computadores ficarem muito inteligentes, muito ricos em termos de memória e de capacidade para manipular fatos específicos, e mesmo se puderem se tornar "conscientes", no sentido de poderem monitorar seus próprios estados, eles não vão desenvolver uma consciência que seja de algum modo semelhante à nossa. A base física deles não precisa ser mantida como a nossa precisa, e não corre o risco da morte. A base física deles não pode ser representada do modo como nossa carne humana viva pode. Qualquer que seja a noção de si mesmo que o computador possa engendrar, ela não será comparável à noção humana de si mesmo.

(OESP, 6.8.2000)

António Damásio (1917), neurologista, é autor de *Em busca de Espinosa* (2003).

Suzana Herculano-Houzel

Depois de mestrado nos EUA, doutorado em Paris e quatro anos de trabalho no célebre Instituto Max Planck para a Pesquisa do Cérebro, na Alemanha, a neurocientista Suzana Herculano-Houzel, hoje com 29 anos, voltou ao Brasil em 1999 e decidiu se dedicar a escrever para um público mais amplo. Criou um site que trata exclusivamente de descobertas e debates sobre o cérebro (www.cerebronosso.bio.br) e a reunião dos textos que escreveu ali constituiu o livro *O cérebro nosso de cada dia* (Vieira & Lent), cuja primeira tiragem já esgotou. São textos que tratam de curiosidades como o mito de que usamos apenas 10% do cérebro, os sentidos do equilíbrio e do movimento, o que é coceira, para que serve o sono, por que bocejo contagia, se café vicia, o endereço do senso de humor, os efeitos dos antidepressivos. A escrita é acessível e descontraída e os exemplos são tirados do cotidiano.

Mesmo assim, Suzana descreve o processo de realização de cada pesquisa e discute as questões mais complexas, como a relação entre herança e ambiente, as origens fisiológicas de determinados comportamentos e o conceito de consciência. Leia a seguir entrevista feita por e-mail.

Muitos se queixam da ausência de uma "teoria da mente" satisfatória e dizem que a consciência humana é um mistério que não se poderia resolver – mesmo porque caberia à própria consciência humana resolvê-lo. O que acha?

Acho que, na ciência, mais difícil do que encontrar respostas é formular perguntas boas. A ciência precisa de hipóteses testáveis, e somente agora, quando a neurociência chega perto dos 150 anos de vida, começam a aparecer hipóteses testáveis sobre os mecanismos da consciência. Mas "teorias da mente" bem construídas e perfeitamente testáveis, como aquela proposta por António Damásio em seu livro *O mistério da consciência*, já existem. Os experimentos para colocar tais hipóteses à prova, de fato, já começaram. A própria alegação de que deve ser impossível à mente humana desvendar a si mesma, aliás, não passa de uma hipótese esperando ser posta por terra. É uma afirmação desafiadora, e com um apelo intuitivo muito forte – deve ser impossível. Mas não tem fundamento. De qualquer forma, a neurociência conta hoje com ferramentas que permitem ao pesquisador, se ele assim desejar, investigar por exemplo a ativação em seu cérebro enquanto ele mesmo pensa, lembra, faz contas, adormece e, em seguida, acorda. O fato de o objeto do estudo estar situado dentro da cabeça do próprio pesquisador não é necessariamente um empecilho.

Há várias pesquisas descritas em seu livro sobre a questão da influência da fisiologia sobre o comportamento. É possível começar a obter descrições dessa influência que não caiam num certo moralismo que existiria, por exemplo, na "psicologia evolucionária"? Você concorda com Edward O. Wilson que "a natureza humana é um conjunto de predisposições genéticas"?

Acredito que predisposições genéticas existem, mas, na grande maioria dos casos, não passam de exatamente isso: predisposições. Exceto em alguns casos especiais, genética não é destino. A meu ver, fatores genéticos, temperados por acontecimentos ao acaso ao longo do desenvolvimento, fornecem apenas uma base de trabalho, a matéria bruta a partir da qual cérebro e comportamento serão esculpidos. Somem-se a isso influências do ambiente e da própria experiência de vida de cada um, e é possível transcender as potencialidades de apenas trinta mil genes – a estimativa atual do número de genes necessários para "montar" um cérebro humano - para montar os trilhões e trilhões de conexões entre as células nervosas, criando o arco-íris de possibilidades da natureza humana.

Uma dessas influências diz respeito às diferenças entre homens e mulheres, que seu livro menciona. Como evitar que isso se torne motivação de preconceitos ou de generalizações vulgares, como no fato de as mulheres terem menos neurônios?

Se diferenças entre homens e mulheres são evidentes pelo lado de fora, é natural que elas também existam no cérebro. Na parte externa do cérebro, o córtex, homens possuem em média uns quatro bilhões de neurônios a mais do que mulheres. Mas o simples número de neurônios em si não é sinônimo de maior ou menor habilidade, a não ser quando concentrado em estruturas pequenas com função bastante precisa. Em média, a região do cérebro que produz a fala tende a ser maior em mulheres do que em homens, enquanto neles a região responsável por operações espaciais, como julgar o tamanho de um objeto, é maior do que nelas. Essa diferença casa bem com observações da psicologia: elas costumam falar melhor (e não mais!), eles costumam fazer operações espaciais com mais facilidade. Mas o realmente importante é reconhecer que essas diferenças não são limitações, e sim pontos de partida, sobre os quais o aprendizado e a experiência podem agir. Conhecer nossas próprias limitações, dificuldades e facilidades é o primeiro passo para explorá-las a nosso favor, ou mesmo vencê-las.

Muitas das pesquisas que o livro descreve e comenta não têm em comum a demonstração de que o cérebro é um sistema muito mais plástico – com grande capacidade de renovação de sinapses e adaptação de áreas a novas funções etc. – do que se imaginava antes? A memória seria um exemplo dessa interação intensa entre regiões do cérebro?

Até uns vinte anos atrás o cérebro ainda era considerado uma estrutura razoavelmente fixa e definida do adulto. De fato, essa visão mudou. Hoje se reconhece que sinapses se fazem e se desfazem o tempo todo, em qualquer idade; ficam mais fortes ou mais fracas conforme o uso, são eliminadas ou substituídas por outras. A concepção atual do cérebro humano inclui até mesmo neurônios novos sendo acrescentados ao longo da vida à estrutura que gerencia a formação de novas memórias! A própria memória é, de fato, um exemplo da plasticidade do cérebro. Hoje se acredita que a base da memória é justamente esse fortalecimento ou enfraquecimento seletivo das sinapses, além da criação de algumas e da eliminação de outras. As sinapses pelo cérebro afora seriam o "bloquinho de notas" do cérebro: não havendo papel e lápis por perto, o cérebro "escreve" sobre as sinapses.

Como se dá a influência da boa disposição e do bom humor sobre a resistência de uma pessoa à doença? Qual a capacidade de auto-indução de um individuo? Esta questão atravessa seu livro e tem a ver com a capacidade humana de "sentir o que acontece", na frase de Damásio. Qual é sua opinião sobre os conceitos dele de consciência "central" e "ampliada" – há uma simplificação neles ou são bastante ricos como chaves analíticas?

Um fator essencial ao bem-estar do indivíduo é o estresse, e hoje suas influências sobre sistemas aparentemente tão distantes quanto o imunológico e o nervoso são não somente reconhecidas como também objeto de estudos intensos. O estresse crônico prejudica a memória e mina a saúde do sistema imunológico. Eliminando-se o estresse – o que às vezes pode simplesmente significar acreditar na cura de uma doença –, é comprovadamente possível haver uma melhora considerável na saúde, em certos casos. Quanto aos conceitos de consciência "central" e "ampliada" propostos por Damásio, acredito que eles vieram promover uma arrumação há muito tempo necessária no terreno da consciência. Até então, diferentes autores chamavam pelo mesmo nome – "consciência" – aspectos tão diferentes quanto a autoconsciência, a percepção consciente e a consciência moral. O nome "consciência" havia se tornado um saco de gatos. As distinções oferecidas por Damásio me parecem não somente lúcidas como também apropriadas e, o que é mais importante, perfeitamente testáveis. Se elas de fato contribuírem para a pesquisa, pouco importa se o tempo acabar mostrando que elas não eram tão perfeitas assim.

Como é escrever sobre ciência no Brasil, onde isso é raro? Quais os riscos que seu trabalho corre em relatar experiências que muitas vezes apenas apontam para uma explicação? Escrever é menos "importante" que pesquisar?

É um prazer muito grande constatar que um livro de divulgação científica possa ser recebido com tanto entusiasmo pelo público brasileiro, como está sendo o caso do O *cérebro nosso de cada dia*. É claro que o fato de serem pouquíssimos os brasileiros que escrevem sobre ciências para o grande público só faz aumentar a visibilidade da divulgação feita aqui. Por outro lado, é comum ouvir que, por causa da própria carência de autores nacionais, o público brasileiro não estaria preparado para ler, ou acostumado a ler, sobre ciência. Acho que isso é besteira. O desafio é justamente encontrar a maneira de levar a ciência ao cidadão comum, é encontrar o caminho para atingir a sua curiosidade, é despertar o lado "cientista" que todo mundo tem, é mostrar que, no fundo, o leitor sempre achou aquilo interessante, só não sabia que se chamava ciência. As "frustrações" da ciência fazem parte do processo e, portanto, também são personagem importante da divulgação. Meu objetivo é fazer o leitor participar da ciência, colocando-se no lugar dos pesquisadores, dividindo surpresas, dúvidas e descobertas e quem sabe até sugerindo experimentos. E acredito que os leitores ficam gratamente surpresos de perceberem que a ciência está, sim, ao seu alcance. Ainda mais quando se trata da ciência do cérebro, esse órgão que a mídia cuidou de envolver de mistério... A pesquisa vive da sua comunicação, tanto entre cientistas quanto para o público.

(OESP, 10.2.2002)

Suzana Herculano-Houzel (1970), neurologista, é também autora de *Sexo, drogas, rock'n roll & chocolate* (2003).

Freeman Dyson

Não chame Freeman Dyson de futurólogo. Esse simpático físico e matemático, nascido na Inglaterra em 1924 e radicado nos EUA desde os anos 60, não pode ser visto como alguém que tenha como objetivo adivinhar o futuro, fazer projeções sonhadoras. Primeiro, porque é um cientista de gabarito, com pés firmemente plantandos no fato e na dúvida. Segundo, porque baseia suas projeções em tendências de médio prazo, de acordo com a experiência histórica. Embora esse leitor infantil de Jules Verne soe como um autor otimista em livros como *Mundos imaginados*, *Infinito em todas as direções* e o recém-lançado *O Sol, o genoma e a internet* (Companhia das Letras), ele tenta prever as conseqüências das descobertas e pesquisas científicas como um exercício de possibilidades. E, naturalmente, está sempre disposto a reconhecer seus erros quando o futuro os revela.

No livro mais recente, por exemplo, muda de opinião a respeito de alguns pontos fundamentais de *Infinito em todas as direções*. Dyson analisa a energia solar, o genoma e a internet como três ferramentas tecnológicas que, se bem usadas, podem disseminar qualidade de vida pelo planeta e ajudar bastante no combate à pobreza. O genoma é o mais promissor no momento, por seu potencial de entendimento de várias funções do organismo humano e de fabricação de remédios e técnicas para os males que afligem sobretudo as regiões mais pobres. A internet pode levar informação e permitir organização da sociedade civil aos povos mais oprimidos. E a energia solar pode ser mais acessível e eliminar diversos problemas relacionados ao meio ambiente e ao bem-estar coletivo. Dyson diz, no entanto, que essas três ferramentas ainda são inadequadas para atingir esses objetivos de larga escala, mas acha que em mais dez ou vinte anos a ciência chegará até eles.

Tudo, claro, se a humanidade se der conta da importância de concentrar mais recursos nessas pesquisas, sem querer "queimar etapas", e a formas de barateamento, que envolvem inclusive a cooperação dessas áreas (como no caso da energia solar, à qual a engenharia genética pode dar grande contribuição). Dyson é consciente de como as aplicações da ciência são sujeitas aos interesses políticos, mas acha que tem de fazer seu papel de apontar as melhores e que a humanidade vem mais e mais disseminando a tecnologia para o benefício coletivo. Suas próprias preocupações demonstram isso: antes ele punha muita ênfase no futuro das viagens espaciais e da inteligência artificial, por exemplo; hoje a põe em potenciais de menor prazo. Áreas rurais pobres, segundo ele, seriam proporcionalmente as mais favorecidas pelo acesso barato a energia, medicamentos e informações.

Dyson faz parte desse time de cientistas-escritores que têm mudado a cara do ensaísmo e do pensamento nas últimas décadas. Seu talento descritivo mereceu do físico francês Pierre-Gilles de Gennes o comentário de que "Dyson é um escritor, nós somos cientistas que escrevem livros". Mas isso não significa que Dyson não seja também um grande cientista. Além de ter trabalhado com físicos como Robert Oppenheimer, Edward Teller e Hans Bethe, responsáveis pela construção da bomba atômica, ele resolveu uma acirrada querela matemática entre Richard Feynman e Julian Schwinger a respeito da eletrodinâmica quântica. Também distribuiu *insights* em áreas que vão da cosmologia à neurologia. Na entrevista a seguir, feita por telefone, o professor do Instituto de Estudos Avançados de Princeton opina sobre clonagem, Protocolo de Kyoto e as revoluções previstas em seu livro.

Três anos depois, os temas do seu livro estão em situação complicada. A energia continua a ser um problema complexo em países como os EUA e o Brasil. A ovelha Dolly está com artrite. E as empresas de internet enfrentam grandes dificuldades contábeis. Será que vai demorar para a humanidade conseguir usar a tecnologia com maior alcance social?

Isso teremos que ver. Eu espero que ela tente fazer isso, porque certamente as possibilidades são muito grandes. A clonagem, por exemplo, é apenas uma ferramenta que pode ser usada para propósitos diversos. Alguns vão querer usá-la para o bem social, outros não. E os diferentes países terão diferentes usos para essas ferramentas. Mas seguramente estamos aprendendo mais e mais.

Há muita suspeita em torno da clonagem. Mas parece começar a haver um consenso, pelo menos entre os cientistas, de que a clonagem terapêutica é muito importante, e que a clonagem reprodutiva deve ser proibida por enquanto. O sr. concorda?

Isso faz muito sentido. A rigor, a ciência da clonagem ainda não está totalmente feita. Não sabemos ainda o que é possível fazer e o que não é. Precisamos então formular boas regras para preservá-la. A pesquisa do genoma não produziu milagres, mas os biólogos não estão prometendo milagres; talvez as pessoas nos jornais e nas TVs estejam prometendo. Ainda falta muito tempo; há problemas muito complexos para resolver. Os esforços estão sendo feitos.

O sr. participou dos bombardeios aliados na Segunda Guerra Mundial. Quando o lemos hoje, o sr. parece bastante otimista quanto à capacidade do ser humano de usar a tecnologia para o bem. Depois de 11 de setembro, no entanto, algumas pessoas voltaram a achar que o progresso científico-tecnológico favorece apenas os ricos. O que o sr. acha?

Suponho que o motivo por que sou otimista é que as coisas estão menos mal do que estavam nos anos 30, quando eu era jovem. De alguma forma, sobrevivemos. Havia a depressão econômica e na Inglaterra, onde eu vivia, a poluição industrial era insuportável.

Havia Hitler e tudo o mais. Quando olho os problemas atuais e comparo com aqueles, vejo que não são tão ruins. Podemos continuar usando a ciência para ajudar a humanidade toda. Acho que o grande desafio é justamente esse, de usá-la para combater a pobreza.

George W. Bush se recusou a assinar o Protocolo de Kyoto, argumentando que a atividade industrial não poderia parar. Qual é sua opinião?

Eu concordo com Bush nesse caso. O acordo não faz muito sentido. Ainda não sabemos o suficiente para decidir que esse é o melhor caminho. Bush tem feito coisas certas pelos motivos errados (risos).

Como é a tarefa de prever? Como, por exemplo, o sr. calcula que cinqüenta anos são suficientes para a genética e a internet consolidarem uma "revolução"?

Baseado em casos históricos. O tempo que uma nova ciência leva para ter aplicações em grande escala é mais ou menos de cinqüenta anos. As equações do eletromagnetismo, por exemplo, foram formuladas por Maxwell nos anos 1850-60; cerca de cinqüenta anos depois, a energia elétrica estava disseminada pelo mundo. Watson e Crick descobriram a estrutura da dupla hélice do DNA em 1953; mais ou menos cinqüenta anos mais tarde, estamos testemunhando a genética como um fator dominante nas sociedades. A internet, a meu ver, terá grandes efeitos sobre a vida dos países mais pobres, porque distribui informações e torna muito mais fácil o contato entre as pessoas de forma independente dos governos.

Como enfrentar o problema da educação, o fato de que as pessoas em geral não conseguem acompanhar a ciência? Qual o papel dos livros e de um site como o Edge, de que o sr. participa?

Esse é um problema gravíssimo. Com meus livros, tento ajudar as pessoas, a educá-las em certo grau. Há muitos cientistas escrevendo livros hoje em dia, alguns excelentes, com vendas no mundo todo. Isso mostra que existe uma demanda, que as pessoas estão querendo saber o que está sendo feito. O Edge também é uma prova disso, embora eu não saiba quantas pessoas o lêem. Talvez ele não seja tão importante quanto Brockman (John Brockman, o agente literário que criou o Edge) pensa que é (risos), mas reúne um grupo de pessoas muito interessantes que estão procurando novas abordagens para problemas bastante complexos, que realmente exigem novas abordagens. E há uma aproximação entre cientistas e pessoas mais ligadas à tecnologia. É uma aproximação importante e que interessa muito aos mais jovens.

(OESP, 10.2.2002)

Freeman Dyson (1924), físico e matemático, é autor de diversos livros.